TAMARA HINZ

Lebensmutig

TAMARA HINZ

Lebensmutig

Stark und gelassen durchs Leben gehen

Brendow
Verlag | Alles, was Sinn macht!

Bibliografische Information der Deutschen Nationalbibliothek
Die Deutsche Nationalbibliothek verzeichnet diese Publikation in der Deutschen Nationalbibliografie; detaillierte bibliografische Daten sind im Internet über http://dnb.d-nb.de abrufbar.

ISBN 978-3-96140-064-5

Einbandgestaltung: Brendow Verlag, Moers
Titelfoto: fotolia cutelittlethings; fotolia sila5775
Satz: Brendow Web & Print, Moers
Druck und Verarbeitung: CPI – Clausen & Bosse, Leck
Printed in Germany

www.brendow-verlag.de

Wir müssen unsern Lebensmut hüten, es ist unser höchster Schatz. Gut essen, gut schlafen, das Rechte tun, gute Menschen in unser Herz schließen und die Zerstörungslust der andern hindern, das erhält den Mut in uns.

Bjørnstjerne Bjørnson

Lebensmutig

Lebensmutig

„Was ist das denn für ein interessantes Wort?", fragt meine Bekannte. *Interessant* pflegt sie immer dann zu sagen, wenn sie Aussagen oder Ansichten von mir äußerst eigenartig oder fragwürdig findet, mir das aber – höflich, wie sie ist – nicht so direkt sagen will. „Lebensmüde kenn ich ja", so fährt sie erklärend fort, „und todesmutig auch, aber *lebensmutig*?"

Ich muss an meine Oma denken, die mit ihrem Lebensmut locker noch zwei, drei andere mitversorgte. Zum Beispiel meine Nachbarin, die nach dem Tod ihres Mannes die Freude am Leben total verloren hatte. „Keine Lust zu nix", fasste meine Oma diesen jämmerlichen Zustand kurz zusammen und beschloss, so schnell wie möglich Abhilfe zu schaffen. Was meine Oma beschlossen hatte, wurde auch in die Tat umgesetzt. Und wen sie dabei unter ihre Fittiche nahm, der *konnte* nur wieder lebensmutig werden.

Ich denke an eine Bekannte, die mit Mitte vierzig noch ihren Schulabschluss nachholt und danach noch eine Ausbildung machen möchte, um sich einen langersehnten Berufswunsch zu erfüllen.

An Freunde, die es irgendwie möglich gemacht haben, sich ein Jahr Auszeit vom Beruf zu nehmen, um die freie Zeit zum Reisen zu nutzen. Dabei wollen sie andere Kulturen und andere Lebensmodelle kennenlernen und ihren Horizont erweitern.

An eine junge, alleinerziehende Mutter, die sich trotz ihres anstrengenden Alltags die Zeit nimmt, ihren Kindern vorzulesen, mit ihnen den Spielplatz zu besuchen und Spielfreunde ihrer Kinder einzuladen. Dabei wäre es so viel einfacher, dem

Trend der Zeit zu folgen und die Kinder vor einem der technischen Erziehungshelferlein zu parken.

An eine Freundin, die von ihrem Chef aufgrund ihrer freundlichen Nachgiebigkeit immer ausgenutzt wurde, die aber ihre Ängste überwunden hat, heute klare Grenzen setzt und nun deutlich besser für sich sorgt.

An Bekannte, die mit Hilfskonvois in innereuropäische Flüchtlingslager reisen, um vor Ort bei der Versorgung der Schutzsuchenden zu helfen.

Und an eine befreundete Flüchtlingsfamilie, die zu uns nach Deutschland gekommen ist und ihr Leben nun noch einmal ganz neu erfinden muss. Trotz erschwerter Bedingungen tut sie das mit großer Gelassenheit, viel Freude und Fleiß.

Und ich denke an den Vater eines schwerbehinderten Kindes, der mich anstrahlt und sagt: „Was ist unsere Tochter doch für eine Bereicherung für unser Leben!"

Aber da gibt's natürlich auch die anderen: eben besagte Nachbarin meiner Oma.

Oder den Bekannten, der nun schon im vierten Jahr arbeitslos ist und zum Verrecken nichts Neues, zu ihm Passendes, findet. „Lebensmutig?", so fragt er mich. „Wie soll das denn gehen?"

Und da gibt es mich selbst und Zeiten in meinem Leben, in denen ich mir morgens nach dem Aufwachen lieber die Decke über den Kopf gezogen hätte, als mich mutig dem Leben zu stellen.

Von all diesen Menschen erzähle ich auch meiner Bekannten. Und davon, dass ich der Überzeugung bin, dass wir heute, in dieser chaotischen Welt, die immer mehr aus den Fugen gerät, mehr denn je Lebensmut brauchen. Weil wir ohne diesen tatsächlich irgendwann lebens*müde* werden. Ich erzähle ihr auch von meiner Überzeugung, dass man sich diesen Lebensmut ein Stück weit aneignen kann. *„Der Lebensmut, die heitere Lebensfreude und das Glücklichsein kann – Schritt für Schritt – erlernt werden, genau wie das Tanzen"*, meinte der Schweizer Autor Alfred Selacher. Stimmt das? Kann man wieder lebensmutig werden, auch wenn man's im Moment nicht ist? Kann man *grundsätzlich* lebensmutiger werden, auch wenn man von seinem Naturell her eher der „Das-Glas-ist-eh-schon-fast-leer"-Typ ist? Kann man das tatsächlich ein wenig einüben? Ich behaupte: ja!

Und deswegen finde ich die Formulierung lebensmutig *sein* auch so gut und weitaus besser, als davon zu sprechen, dass jemand Lebensmut *hat*. Letzteres klingt so nach: „Der eine hat's, der andere nicht." Derjenige, der zufälligerweise Lebensmut mitbekommen hat, der hat im Leben gut lachen, und die anderen ... eben nicht. Aber lebensmutig sein hat nichts mit „haben" zu tun, sondern damit, dass wir uns durch mutige Schritte, kluge Entscheidungen und unsere aktive Mitarbeit etwas aneignen und in unser Sein integrieren.

Davon und wie dieses „Aneignen" in den unterschiedlichsten Lebenssituationen aussehen kann, handelt dieses Buch. Die einzelnen Kapitel sind in sich abgeschlossen, sodass Sie diese, wie einzelne Bausteine, ganz nach Ihren persönlichen Bedürfnissen zusammensetzen können. So ist es kein Problem, sich ein Thema, das gerade für das eigene Leben relevant ist, herauszusuchen, damit zu arbeiten und zu einem späteren Zeitpunkt ein anderes Thema in Angriff zu nehmen. Die Themen ermutigen dazu, das eigene Leben und sich selbst aufmerksam zu beobachten und daraus Schlüsse für einen lebensmutigen Umgang mit dem eigenen Dasein zu ziehen.

Darüber hinaus wird dieses Buch an manchen Stellen auch von Gott handeln und von dem, was uns in der Bibel an Hilfen zu einem lebensmutigen Umgang mit unserem Dasein mitgegeben ist. Meiner Überzeugung nach stehen in der Bibel unglaublich kluge Dinge. Lebensweisheiten, die unserem Lebensmut gewaltig auf die Sprünge helfen. Außerdem glaube ich: Wenn wir nur im Klein-Klein unserer Alltäglichkeiten, im Hier und Jetzt, verhaftet sind und unser Leben nicht tiefer verwurzeln, dann kann uns angesichts des Zustands unserer persönlichen und globalen Welt die Lebensmüdigkeit tatsächlich schon mal gewaltig packen. Gott in unser Denken und Leben mit hineinzunehmen gibt uns dagegen die Möglichkeit, uns weit über unser kleines Leben hinaus zu verorten und dadurch auch unseren Alltag lebensmutig anzutreten.

Meiner Bekannten, die in Sachen Spiritualität äußerst skeptisch ist, nötigt das wieder ein höfliches „Das ist ja interessant" ab. Was im Klartext heißt: Sie findet es eigentlich überflüssig, auch Bibelworte und Gott mit in dieses Thema einzubeziehen. „Macht ja nichts", sage ich. „Kannst dich ja mal darauf einlassen. Und was dir nicht gefällt, legst du erst mal zur Seite. Manches braucht man später im Leben noch mal, und dann ist es gut, wenn man schon einmal etwas davon gehört hat und weiß, wo man suchen muss ..."

„Na, da bin ich ja mal gespannt", sagt meine Bekannte. Ich glaube, sie ist es nun wirklich. Und ich? Ich bin es auch!

Das Leben ist kein Ponyhof – na und?

Lebensmutiger werden und Resilienz trainieren

1969 lief in den Kinos der erste Pippi-Langstrumpf-Film. Die Hauptrolle wurde von Inger Nilsson gespielt, die für mich und viele andere bis heute *die* Pippi Langstrumpf schlechthin verkörpert. Damals war ich knapp sieben Jahre alt und besuchte mit meinen Eltern und Geschwistern zum ersten Mal ein Kino. Vorher hatte ich bereits alle Pippi-Langstrumpf-Bücher verschlungen – oder sie waren mir vorgelesen worden. Wie ich diese Pippi, ihren unerschütterlichen Frohsinn und unendlichen Ideenreichtum liebte! Und es bis heute tue!

Ein resigniertes „Geht nicht" gibt es im Leben von Pippi nicht. Für alles findet sie eine Lösung. Sie ist liebenswürdig, hat aber auch ein unglaublich freches Mundwerk, das so manch einen Erwachsenen in den Wahnsinn treibt. Pippi hat den Kopf voll mit ungewöhnlichen Ideen, die sie gegen die Widerstände der Umwelt in die Tat umsetzt. Was andere über sie denken, ist für sie absolut zweitrangig. Sie tut eben ... was ihr gefällt! Pippi kennt keine Langeweile und hat immer eine Idee, was sie aus ihrem Leben machen kann. *„Was ihr machen wollt, weiß ich nicht", sagte Pippi. „Ich werde jedenfalls nicht auf der faulen Haut liegen. Ich bin nämlich ein Sachensucher, und da hat man niemals eine freie Stunde."*

Pippi ist souverän und lässt sich nicht unterkriegen. Ihr fallen immer wieder neue Dinge ein. Sie glaubt an sich. Sie geht auf die Welt zu und kann etwas bewirken. Sie ist aktiv und voll dabei, schlagfertig und mutig. Nie ist sie hilflos oder verzweifelt, weil sie ihre Energie in die Entwicklung lebensförderlicher Bewältigungsstrategien statt in sinnlose Grübelei steckt.

Pippi hat übermenschliche Kräfte, kann Pferde hochheben und ist jedem Erwachsenen im Kampf überlegen. Sie hat einen Koffer voller Gold, ein großes Haus und einen Garten, der jede Menge Möglichkeiten für abenteuerliche Spiele bietet. Sie hat zwei Freunde, mehrere Tiere, ein Pferd und ein Äffchen, den Herrn Nilsson. Pippi hat neben diesen äußeren aber auch jede Menge innere Ressourcen: Ideenreichtum, Lebenslust, Humor, Durchhaltevermögen, Spaß und Kreativität. Und die helfen ihr, mit den Widrigkeiten des Lebens klarzukommen. Denn solche gibt es, bei genauerem Hinsehen, auch im Leben von Pippi mehr als genug. Pippi hat keine Eltern, denn die Mutter ist tot und der Vater auf See. Die Elternrolle musste sie schon früh für sich selbst übernehmen.

Darüber hinaus hat Pippi auch Feinde: eine Fürsorgerin, die sie immer wieder ins Heim stecken will, und Polizisten, die ihr ständig nachjagen. Aber selbst von denen lässt sie sich nicht kleinkriegen: *„Oh“*, sagt sie, *„ich muss heute wieder einen Glückstag haben. Polizisten sind das Beste, was ich kenne – gleich nach Rhabarbergrütze!“*

Pippi ist das, was man heute mit „resilient“ umschreiben würde. Resilienz meint die psychische Widerstandskraft, die jemand mit ins Leben bringt oder die sich bei ihm im Laufe seines Lebens entwickelt hat. Dieses gutentwickelte seelische Immunsystem hilft, an den Widrigkeiten und Härten des Lebens nicht zu zerbrechen, sondern (eventuell) sogar noch gestärkt daraus hervorzugehen. „Jemand ist hart im Nehmen“, so würden wir vielleicht umgangssprachlich sagen. Oder: „Der/die ist nicht kleinzukriegen. Ein richtiges Stehaufmännchen!“

Das Wort „Resilienz“ leitet sich von dem lateinischen Wort resilire ab, was so viel bedeutet wie: zurückspringen oder abprallen. Die Geschosse, die das Leben manchmal auf uns abfeuert, dringen bei resilienten Menschen nicht wirklich ein und bewirken auch keine nachhaltigen Verwundungen. Das heißt nun nicht, dass resiliente Menschen eine seelische Teflonschicht um sich haben, aber es gelingt ihnen besser, sich von Verletzungen zu erholen, dazugehörige schmerzhafte Gefühle unter die Füße zu bekommen und sich dem Leben wieder zuzuwenden.

Diese Resilienz entsteht schon früh. Gut, wem dazugehörige Eigenschaften und Fähigkeiten mitgegeben wurden bzw. in wessen Persönlichkeit sie hineinvererbt und -verankert wurden. Dazu gehören eine zupackende Art, ein fröhliches Temperament, Aufmerksamkeit, Anpassungsfähigkeit, Selbstvertrauen, Neugier, Intelligenz, Bindungsfähigkeit, eine realistische Selbsteinschätzung sowie Einsatzbereitschaft und Fleiß.

Es gibt inzwischen zahlreiche Studien und Untersuchungen, die das sehr komplexe Wechselspiel zwischen vererbter bzw. in der Persönlichkeit verankerter Widerstandskraft, erlernter Widerstandskraft und den beteiligten Umwelteinflüssen untersucht haben. Ein sehr fundiertes Buch zu diesem Thema ist „Resilienz: Das Geheimnis psychischer Widerstandskraft“ von Christina Berndt (siehe Buchtipps im Anhang).

Die Ergebnisse all dieser Studien haben eines gemein (und das ist eine sehr gute Nachricht!): Resilienz ist erlernbar! Sicher, Menschen, denen Resilienz mit in die Wiege gelegt wurde, haben an dieser Stelle einen deutlichen Vorsprung. Aber niemand muss sagen: „Tja, da hab ich dann ja wohl Pech gehabt!“ Nein, wie auch immer unsere Ausgangsposition in Sachen Resilienz ist: Psychische Widerstandskraft lässt sich wie ein Muskel trainieren und erwerben.

Lebensmutige Menschen haben irgendwann einmal, bewusst oder unbewusst, den Entschluss gefasst, im Leben nach vorne zu gehen, statt zurückzuweichen, zu wachsen, statt zu stagnieren, und Verantwortung für das Gelingen ihres Lebens zu übernehmen, statt in einer sich selbst bemitleidenden Opferhaltung zu verharren. Auch für sie ist das Leben kein Ponyhof, und in schweren Zeiten, Krisen oder nach erlittenen Schicksalsschlägen erleben sie das gleiche Gefühlsauf und -ab wie andere Menschen. Sie haben aber Ressourcen entwickelt, auf die sie nun zurückgreifen können und die ihnen Stabilität geben. So gelingt es ihnen schneller, ihre Gefühle wieder in lebensförderliche und stabile Bahnen zu lenken. Sie erwarten, dass das Leben sich auch für sie wieder von seiner schönen Seite zeigen wird. Damit diese Erwartung Realität wird, arbeiten sie aktiv mit und sind auch bereit, neue Wege zu gehen, statt stur in alten Verhaltensmustern zu verharren. Lernbereit, flexibel und ausbalanciert dem Leben begegnen – das ist ihr Lebensmotto.

Was kann uns helfen, unsere Resilienz zu trainieren und damit lebensmutiger zu werden?

Dem Leben realistisch begegnen

„Ich gar nicht ein feine weiße Prinzessin bin", sagte Pippi in gebrochener Taka-Tuka-Sprache. „Ich einfach bin bloß Pippi Langstrumpf, und ich pfeifen auf das Thronsitzen."

„Ich bin, die ich bin, und lebe *mein* Leben. Das reicht, und damit bin ich zufrieden“ – so könnte man es auch formulieren. An meiner Pinnwand hängt eine Karte mit der Aufschrift: „Wir sind hier nicht bei *Wünsch dir was*, sondern bei *So isses*!“ So manche Enttäuschung im Leben ist hausgemacht und vorprogrammiert, weil wir völlig unrealistische Erwartungen an uns selbst und das Leben haben, die Latte viel zu hoch hängen und nicht bereit sind, die Realität zu akzeptieren, wie sie nun einmal ist. Auch nicht uns *selbst*. Aber umso größer die Diskrepanz zwischen Wunsch und Wirklichkeit, umso schlechter unser Lebensgefühl.

Resilienz zu trainieren bedeutet an dieser Stelle, unseren Realitätssinn zu trainieren. Dieser bezieht sich auf persönliche Eigenarten oder auf Lebensumstände, die wir, egal, wie wir's drehen und wenden, nicht verändern können. Oder zumindest nicht *jetzt* oder in absehbarer Zeit ändern können. Wer hier gelernt hat, „Ja“ zu sagen und die Realität zu akzeptieren und anzunehmen, der setzt viel lebensmutige Energien frei.

Dabei geht es nicht darum, unsere unerfüllbaren Wünsche und Bedürfnisse zu verleugnen oder zu verdrängen. Nein, es geht darum, diese zu formulieren, sie dann aber loszulassen und ganz bewusst anzunehmen, dass sie (zumindest im Moment) nicht in Erfüllung gehen.

Ja-Sagen konkret

„Ich hätte so gerne mehr Geld, damit ich häufiger reisen kann. Aber zurzeit ist dieses Geld nicht da, weil ich noch arbeitslos bin (oder weil ich meine Ausbildung erst noch zu Ende bringen muss, weil das Haus noch nicht abbezahlt ist usw.). Das ist jetzt so, und *das* akzeptiere ich als meine Lebenswirklichkeit!“

„Was würde ich drum geben, (wieder) in einer Partnerschaft

zu leben, aber zurzeit tut sich in dieser Sache gar nichts. Das ist im Moment so, und das nehme ich an!"

„Wenn ich doch nur mehr Zeit hätte für mich! Aber im Moment sind unsere Kinder noch klein und brauchen mich fast rund um die Uhr. Daran lässt sich aber jetzt nichts ändern, und deswegen akzeptiere ich diese Situation."

„Ich wäre so gerne noch so jung und dynamisch wie meine Freundin (und hätte dazu auch noch gerne ihre tolle Figur!), aber ich bin zehn Jahre älter. Das sehe und spüre ich in jeder Faser meines Körpers. Aber das kann ich nicht ändern, und deswegen höre ich auf, ständig damit zu hadern, und sage *Ja*!"

„Ich würde so gerne meine Karriere vorantreiben. Aber jetzt sind meine Eltern plötzlich krank geworden und brauchen mich. In diese unerwartete Wendung, die mein Leben genommen hat, willige ich ein und bejahe sie."

„Wenn ich doch nur so musikalisch, so redegewandt, so hübsch, so talentiert, so leistungsstark, so temperamentvoll, so erfolgreich, so belastbar, so beliebt, so gesund wäre ... ABER ICH BIN ES NICHT!

Und genau *das* fange ich jetzt besser mal an zu akzeptieren!"

Warum ist dieses Ja-Sagen für die Entwicklung unserer Resilienz so wichtig? Weil wir durch Annahme unserer Lebenswirklichkeit Kraft sparen, die wir ansonsten bei der Jagd nach unerreichbaren Dingen vergeuden. Weil wir erst dann, wenn wir uns von unseren (im Moment) unrealistischen Erwartungen verabschieden und Ja sagen zu dem, was *ist*, in der Lage sind, diesen Ist-Zustand lebensmutig zu gestalten. Denn vermutlich werden wir erst jetzt das Gute und Positive in unserem Leben entdecken und dankbar all die Kompetenzen wahrnehmen, die uns mitgegeben wurden. Dankbarkeit ist *der* Schlüssel zu Resilienz und Lebensmut. Nicht umsonst fordert ein Beter in der Bibel sich selbst auf: *„Mit meiner Seele will ich den Herrn loben und das Gute nicht vergessen, das er für mich tut“* (Psalm 103, Vers 2)! Und dann folgt eine ganze Litanei von guten Dingen, die Gott ihm geschenkt hat. Trainieren wir in gleicher Weise unsere Dankbarkeit, dann konzentrieren wir uns auf das Gute in unserem Leben. Und über diese veränderte Wahrnehmung entdecken wir, dass unsere Realität viele Gestaltungsmöglichkeiten bietet und durchaus *auch* ihre schönen Seiten hat.

Dankbarkeit macht zufrieden! Wer dagegen immer unerreichbaren Idealen hinterherjagt oder sich mit anderen und ihren Lebensumständen vergleicht, ist ständig mit sich selbst und dem Leben unzufrieden. Diese permanente Unzufriedenheit schwächt unser seelisches (übrigens auch unsere körperliches!) Immunsystem enorm. Denn wir kämpfen und strampeln ständig gegen das Leben an, so, wie es uns zugemutet ist, und verbrauchen dabei eine Menge Kräfte. Sagen Sie doch lieber „Ja“, und setzen Sie Ihre Kräfte zur konstruktiven Gestaltung Ihres Lebens ein!

Das hier beschriebene Ja-Sagen hat allerdings nichts gemein mit der frustrierten Resignation eines hilflosen Opfers. Nein, es ist eine bewusste und aktive Entscheidung, ist ein Zeichen von Stärke und nicht von Schwäche. Ist ... lebensmutig!

Wenn Sie das nächste Mal mit sich selbst oder unerreichbaren Zielen hadern, dann machen Sie's doch einfach wie Pippi: *„Ich einfach bin bloß Pippi Langstrumpf, und ich pfeifen auf das Thronsitzen.“*

Nichts ist unlösbar

„Wir laufen zum Fluss und gehen dann auf dem Wasser. Das kann man, man kann alles, was man will!“

Na ja, ganz so einfach wie bei Pippi geht es natürlich nicht. Auch unserem Wollen sind Grenzen gesetzt. Und ich für meinen Teil kann nur sagen: Gott sei Dank ist das so! Was habe ich in meinem Leben nicht schon alles tun und haben wollen, war aber hinterher heilfroh, dass sich die Dinge anders entwickelt hatten. Mein Wollen ist ja nicht immer nur durchdacht, gut und lebensförderlich, sondern enthält auch egoistische, unreife und unbedachte Anteile!

Dennoch: Menschen, die um ihre Selbstwirksamkeit wissen, die vor Hindernissen und Problemen nicht direkt einknicken, sondern zunächst einmal fest davon überzeugt sind, dass sie diese Hürden überspringen können und dass es immer *irgendeinen* Weg gibt, sind deutlich resilienter als die Pessimisten und Schwarzseher.

Aber kann man Optimismus lernen? Ja, man kann! In diesem Lernprozess geht es nicht darum, sich eine rosarote Brille aufzusetzen und sich fortan immer alles schönzureden, Probleme einfach auszublenden oder den Kopf in den Sand zu stecken. Solch eine blauäugige Lebensführung kann böse enden, weil wir in unserer Unbedarftheit in jede nur erdenkliche Falle tappen, die das Leben zu bieten hat. Nein, es geht vielmehr darum, sich auch angesichts von Problemen und Schwierigkeiten eine positive und bejahende Haltung zum Leben zu bewahren. Wie kann das geschehen? Hier einige Impulse:

Keine Verallgemeinerungen

Ich hüte mich vor Verallgemeinerungen. Nur weil ich gerade an einer Stelle des Lebens Probleme habe, ist nicht gleich alles problematisch. Nur weil ich beispielsweise gerade keinen Job finde oder es in meiner Ehe nicht rundläuft, heißt das nicht, dass alles in meinem Leben immer und nur schiefgeht. Nur weil ich in einem Punkt versagt habe, bin ich nicht grundsätzlich ein Versager. Menschen mit einem Hang zum Pessimismus neigen genau zu dieser Verallgemeinerung. Das kenne ich von mir selbst nur zu gut! Und ich muss mir immer wieder bewusst machen, dass die Probleme, die ich momentan habe, in der Regel nur einen ganz kleinen Teil meines gesamten Lebens ausmachen. Neben dem gibt es viele andere Bereiche, in denen es richtig gut läuft. Mache ich mir das bewusst, gelange ich wieder zu einer ausgewogenen und deutlich optimistischeren Sicht auf mein Leben.

Handlungsfähig bleiben

Ich vermeide eine vorschnelle „Da-kann-man-nichts-machen"-Haltung, die einer Opferstarre gleicht, sondern bleibe handlungsfähig. Das hilft, auch in Situationen, die ich nicht ändern kann, nach Möglichkeiten zu suchen, das Leben dennoch zufriedenstellend zu gestalten. Auch wenn ich „Ja" sage und annehme, was sich nicht verändern lässt, bleiben ja immer noch genügend Spielräume, Dinge zu ändern, die ich ändern kann. Z. B.:

Ich habe nicht genug Geld, um in den Urlaub zu fahren? O.k. Akzeptiert! Aber was gibt es für Möglichkeiten, vor Ort und ohne großen finanziellen Aufwand für meine Erholung zu sorgen?

Ich habe keinen Partner? O.k. Angenommen! Aber was kann

ich auf andere Weise tun, um meinem Wunsch nach Austausch und Gemeinschaft Genüge zu tun? Welche Möglichkeiten gibt es, andere Singles kennenzulernen (unter denen dann vielleicht auch ein potenzieller Partner ist)?

Meine kleinen Kinder lassen mir nicht viel Zeit für mich selbst? Ja! Das ist so! Aber welche Möglichkeiten habe ich, mir trotzdem ein wenig Luft zu verschaffen? Etwa durch einen Babysitter oder bessere Absprachen mit meinem Partner?

In jedem Fall verharre ich nicht in einer Opferstarre, sondern werde aktiv und nehme mein Leben in die Hand! Dieses aktive „Ich-pack-mein-Leben-an" holt uns aus dem sich selbst bedauernden Pessimismus heraus und gibt uns einen deutlichen Schubs Richtung Optimismus. Und je mehr wir entdecken, dass diese kleinen, aber höchst aktiven Schritte Erfolg haben, umso mehr wächst in uns eine optimistische Lebenshaltung.

Durchhaltevermögen entwickeln

Ich bleibe dran! Kann sein, dass die ersten Schritte Richtung positive Lebensgestaltung nichts bringen. Jetzt bloß nicht in eine „Siehste-hab-ich-doch-gleich-gesagt-dass-ich-keine-Chance-habe"-Haltung zurückfallen. Der Optimismus sagt: Das ist normal! Viele Dinge klappen nicht auf Anhieb, sondern erst beim zweiten oder dritten Anlauf. Ich versuche es deswegen noch einmal, und wenn es sein muss, auch noch ein weiteres Mal. Irgendwann wird es klappen! *„Man kann alles, was man will"*, sagt Pippi und meint damit, dass wir an den Dingen, die uns wirklich wichtig sind, mit Biss und Durchhaltevermögen dranbleiben müssen, um zum Ziel zu kommen. Ansonsten war unser „Wollen" nur eine Farce.

Vertrauen in die Selbstwirksamkeit stärken
Ich stärke mein Selbstvertrauen und das Zutrauen in meine Selbstwirksamkeit. Das kann ich tun, indem ich allen verunsichernden und mich selbst kleinmachenden Gedanken Einhalt gebiete und ihnen nicht so viel Aufmerksamkeit schenke. Stattdessen fange ich an, mir etwas zuzutrauen: „Du schaffst das!" Darüber hinaus distanziere ich mich von Menschen, die mich runterputzen, verunsichern und geringschätzen, und umgebe mich viel mit Menschen, die mich ermutigen, loben, mir etwas zutrauen, an mich glauben und mich fördern.

Wie enorm wichtig das ist, habe ich gerade erst erfahren. Vor ein paar Wochen nahm ich an einem Chorworkshop teil: Zwei Abende und einen ganzen Tag lang wurde geprobt, dann sollte das Konzert stattfinden. Als ich am ersten Abend die Fülle der einzuübenden Musikstücke sah, dachte ich nur: Never! Niemals kriegen wir das alles in dieser kurzen Zeit in unseren Schädel! Aber die Chorleiterin war dermaßen überzeugt von uns und unserer Lernfähigkeit, dass ich mich an ihre Überzeugung drangehängt und blind darauf verlassen habe, dass sie uns realistischer (und besser) einschätzt als wir selbst. Und sie hatte mit ihrer Wahrnehmung absolut recht. Da war viel, viel mehr! Entscheidend war allerdings auch, dass sie mit ihrer geballten Kompetenz dabei war und uns souverän und sicher führte. Auch und gerade in schwierigen Passagen brauchten wir sie nur anzuschauen und uns an ihre Sicherheit dranzuhängen.

Anhand dieses Beispiels habe ich hautnah erlebt, wie wichtig andere, positive Menschen für die Entwicklung unseres eigenen Optimismus und unseres Selbstvertrauens sind.

Genauso wichtig ist Gott für mich! Die Bibel ist voll mit Geschichten, die davon erzählen, dass er Menschen Ungeheuerliches zutraut. So ungeheuerlich, dass diese Menschen immer zunächst einmal die Hände über dem Kopf zusammengeschlagen und völlig überfordert gequiekt haben: „Das kann ich nicht! Such dir doch bitte, bitte jemand anders!" Aber Gott sagt jedes Mal: „Du schaffst das, weil ich doch bei dir bin!" Dem Josua, der die Führungsrolle von Mose erbte, sagt er z. B.: *„Sei stark und mutig! Hab keine Angst und verzweifle nicht. Denn ich, der Herr, dein Gott, bin bei dir, wohin du auch gehst"* (Josua 1, Vers 9)! Ist das nicht genial? Gott traut uns ganz viel zu, verzieht sich dann aber nicht wieder, sondern bleibt mit seiner Stärke und Kompetenz bei uns. Wir brauchen ihn nur anzuschauen und können uns an ihn dranhängen!

Gelassenheit einüben

Ich erwarte, dass das Leben und mein Inneres Lösungen und Wege finden werden. Das braucht manchmal etwas Zeit und Geduld. „Gut Ding will Weile haben" oder „Schlaf erst mal eine Nacht drüber – morgen sieht die Welt schon wieder ganz anders aus" oder „Abwarten und Tee trinken" sind Lebensweisheiten, die sich schon mehr als einmal bewährt haben. Das Wort „Optimismus" vermittelt ja eine gewisse Leichtigkeit. Und darum geht es neben unserer konkreten Mitarbeit auch: mit Leichtigkeit und Gelassenheit dem nächsten Tag entgegenzublicken in der Erwartung, dass sich manche Knoten wie von selbst lösen werden.

Duck dich nicht weg!

„Lass dich nicht unterkriegen; sei frech und wild und wunderbar.“

Friedrich Nietzsche war es, der den berühmt-berüchtigten Satz „Was mich nicht umbringt, macht mich stark“ gesagt hat. Dieser Satz, der im Laufe der Geschichte in der Kindererziehung für so manch unangemessene Abhärtungsmaßnahme gesorgt hat, enthält aber dennoch eine Wahrheit, die sich auch in der Resilienzforschung bestätigt hat: Herausforderungen, die wir angenommen haben, bewältigte Probleme, überwundene Schwierigkeiten und überstandene Krankheiten schwächen uns nicht, sondern machen uns stärker, selbstbewusster und mutiger. Wer sich dagegen immer in Watte packt oder in diese hineingepackt wird, fühlt sich zwar im Moment wohler, weil er die Strapazen einer Herausforderung nicht bewältigen muss, wird aber auf Dauer geschwächt und deswegen zunehmend lebensuntauglich.

Tendenziell neigen die meisten Menschen zunächst dazu, sich wegzuducken, sich drumherumzumogeln, den Weg des geringsten Widerstandes zu gehen, die bequemere Version zu wählen, auszuweichen und zu hoffen, dass sich die Dinge von selbst erledigen. Das ist auch nicht immer verkehrt und kann im Einzelfall die einzig mögliche Bewältigungsstrategie sein. Wer das „Wegducken“ aber durchgängig zu seinem Lebensmotto erklärt, der schwächt seine Resilienz. Denn das ermutigende Erfolgserlebnis, der Stolz, es geschafft zu haben, das begeisterte „Wer-hätte-gedacht-dass-ich-zu-*so*-was-in-der-Lage-Bin?“ fehlt dann eben auch. Mit der „Wegduckermentalität“ bombardieren wir unser Inneres permanent mit Botschaften wie: „Ich kann das nicht!“, „Ich trau mir das nicht zu!“ oder

„Ich bin dem Leben und seinen Anforderungen nicht gewachsen!“. In unserem Inneren schwingt dann immer die bange Frage mit: „Werde ich überhaupt mit dem Leben fertig, wenn ich mit seinen harten Seiten konfrontiert werde? Werde ich zurechtkommen, wenn ich auf mich allein gestellt bin und die unangenehmen Dinge nicht mehr auf andere abwälzen kann?“ Uns fehlen ja durchweg die positiven Erfahrungen, die zeigen, *dass* wir es schaffen!

Also ran an die nächste Herausforderung! Nicht unterkriegen lassen, sondern den Stier bei den Hörnern packen und das Thema bzw. das Problem angehen. Der Alltag bietet genügend große und kleine Gelegenheiten, zu üben und dadurch resilienter zu werden.

An kleinen und großen Herausforderungen wachsen
Sie hätten schon längst den nächsten Termin beim Zahnarzt oder für eine gänzlich unangenehme, aber leider auch notwendige Untersuchung vereinbaren müssen? Schluss mit Drumherummogeln, ran ans Telefon und einen Termin gemacht! Denken Sie an das erleichterte Gefühl, das sich nach überstandener Untersuchung einstellt: „Super, ich hab's geschafft! Jetzt hab ich Gewissheit, dass alles in Ordnung ist, und ich kann die nächsten Schritte einleiten!“

Ihr Chef sucht nach jemandem, der für das anstehende Meeting eine kleine Präsentation vorbereitet? Bis jetzt haben Sie sich vor dieser Herausforderung immer erfolgreich gedrückt. Aber jetzt ist Schluss mit wegducken und kleinmachen in der Hoffnung, dass es Sie nicht trifft. Jetzt gehen Sie in die Offensive und sagen: „O.k., ich mach's!“ Denken Sie an das stolze Gefühl, was sich nach vollbrachter Leistung einstellen wird. Und: *Sie* brauchen in Zukunft keine Angst mehr zu haben, wenn der

Chef mit solchen Anliegen kommt. Sie können dann ganz entspannt bleiben, weil Sie sich selbst bereits bewiesen haben, dass Sie der Herausforderung gewachsen sind.

Ihnen ist schon seit längerer Zeit klar, dass Sie dringend ein klärendes Gespräch mit einer Kollegin, einem Nachbarn, Ihrem Partner oder mit einem Ihrer Kinder führen müssten? Die Art und Weise, wie der- oder diejenige sich Ihnen gegenüber verhält, können Sie auf gar keinen Fall länger hinnehmen. Dieses klärende Gespräch schieben Sie aber immer auf die lange Bank. Dabei merken Sie, dass Sie sich selbst und Ihre Position zunehmend schwächen und von dem anderen mehr und mehr als Opfer gesehen werden. Das wird sich jetzt ändern! Sie werden sich nicht unterkriegen lassen, sondern bei nächster Gelegenheit das Gespräch suchen. Gut vorbereitet werden Sie Ihr Anliegen vorbringen, Position beziehen und unangemessenem Verhalten durch klarformulierte Grenzen den Riegel vorschieben. Denken Sie an das Gefühl von Stärke, das sich nach solch einer Neupositionierung bei Ihnen einstellen wird!

Sie müssen gerade noch geschwind ein paar Zutaten fürs Abendessen besorgen? Normalerweise nehmen Sie aus Bequemlichkeit immer das Auto. Aber eigentlich könnte man diese kurze Strecke bis zum Supermarkt auch mit dem Rad fahren. Und da es draußen weder in Strömen gießt, noch arktische Temperaturen herrschen, Sie keine Pollenallergie, Knieverletzung oder sonstige Gebrechen aufweisen können, da Ihr Fahrrad nicht geklaut wurde, die Bremsen funktionieren und Sie leider auch keinen Platten haben, werden Sie das jetzt auch tun! Denken Sie daran, dass Sie durch das Mehr an Frischluft, Bewegung und Stressverminderung eine Menge für Ihr körperliches und seelisches Immunsystem getan haben!

An diesen Beispielen sehen wir: Das Leben bietet genügend kleine und große Herausforderungen, an denen wir unsere Widerstandskraft stärken, uns abhärten und damit unsere Resilienz trainieren können!

Flexibel bleiben

„Warum ich rückwärtsgegangen bin? Leben wir etwa nicht in einem freien Land? Darf man nicht gehen, wie man will?"

Resiliente Menschen, so hat man in zahlreichen Untersuchungen festgestellt, verfügen über ein hohes Maß an psychischer Elastizität und Anpassungsfähigkeit. In ihren Reaktionsmustern sind sie nicht starr, sondern flexibel. Siegfried Santura, ein deutscher Ingenieur und Autor, formuliert es so: *„Wer auf die Nackenschläge des Lebens nicht agil reagiert, verliert Lebensmut und findet – wenn überhaupt – erst nach langem Ringen wieder Zuversicht und Stabilität."* Was agil (meint: wendig und beweglich) ist, was biegsam und nachgiebig sein kann, bricht nicht so leicht entzwei. Und Lebewesen, die anpassungsfähig sind, kommen mit veränderten und vielleicht sogar eher ungünstigen Lebensbedingungen besser zurecht als die, die nur existieren können, wenn sie in einem stets gleichbleibenden, für sie optimalen Umfeld leben. Mit dieser hohen Flexibilität und Anpassungsfähigkeit gelingt es resilienten Menschen schneller, sich auf neue Situationen und veränderte Bedürfnisse (sowohl eigene als auch fremde) einzustellen. Bei dieser hohen Flexibilität geht es aber auch darum, eine gute Balance zu wahren. Man *kann* sich biegen, man kann nachgeben, man kann sich ausdehnen, verliert dabei aber nicht die eigene Mitte. Zu dieser Mitte findet man dann eben auch immer wieder zurück. Ausbalanciert bedeutet, dass man sich, wenn das Leben es fordert, ganz weit nach rechts oder links, nach vorne oder hinten ausstrecken oder biegen kann. Dabei fällt man aber weder an der einen noch an der anderen Seite vom Pferd und rutscht auch nicht in irgendwelche Extreme.

Flexibel sein und werden

Heißt: Ich kann mal richtig mies drauf sein, aber ich fange mich auch bald wieder und führe mich zu einer lebensförderlichen Grundhaltung zurück.

Ich kann mich emphatisch mit den Nöten anderer Menschen beschäftigen und alles geben, damit ihnen geholfen wird, aber ich merke auch, wenn es mir zu viel wird und ich drohe, vor lauter Mitleiden selbst umzukippen. Dann balanciere ich mich wieder aus, setze meiner Fürsorge Grenzen und investiere wieder mehr Zeit in die Selbstfürsorge.

Ich kann meine Emotionen benennen und zulassen, lasse mich von ihnen aber nicht beherrschen, sondern bin in der Lage, sie zu leiten und vorübergehend hintanzustellen, wenn sie stören.

Ich kann richtig viel Stress, Rummel, viele Menschen, Aktionen und Termine aushalten, mache das aber nicht zu einem Dauerzustand, sondern kann auch wieder herunterfahren und weiß genauso gut mit mir allein etwas anzufangen.

Ich kann Menschen vertrauen und alles geben, damit Beziehungen gelingen, werde aber nicht zum Alleinunterhalter einer Beziehung und kann auch erkennen und Grenzen setzen, wenn andere mich ausnutzen oder mir schaden wollen.

Ich weiß, wer ich bin und was ich kann, aber auch, was mir

gar nicht liegt. Ich weiß um meine Bedürfnisse und um das, was ich brauche, um mich im Leben wohlzufühlen. Dafür – dass es mir gutgeht und mir mein Leben passt – setze ich mich immer wieder aktiv ein. Gibt es an dieser Stelle aber vorübergehend Abweichungen und komme ich streckenweise mal nicht zum Zug, kann ich das aushalten und mich bejahend einklinken, ohne meine Grundausrichtung zu verlieren.

Wie man in diesem Bereich seine Resilienz trainieren kann?

Indem Sie sich (in der erwähnten guten Balance) auf neue Herausforderungen einlassen und mal etwas ausprobieren, was Sie bisher noch nie (so) gemacht haben!

Indem Sie sich etwas trauen, was Ihnen auch ein bisschen Angst macht!

Indem Sie nicht gleich aus dem Hemd springen, wenn etwas nicht so läuft, wie Sie es sich vorgestellt haben und wie Sie es seit jeher gewohnt sind!

Indem Sie auch mal über ihren Tellerrand hinausblicken, sich für anders denkende und anders lebende Menschen interessieren und bereit sind, von ihnen zu lernen.

Auf diesem Weg entdecken Sie, dass andere ihr Leben völlig anders gestalten kann, als Sie es tun – und trotzdem glücklich und zufrieden sind. Sie trainieren damit gedankliche Flexibilität, von der Sie dann im Ernstfall zehren können.

Indem Sie neugierig auf das Leben sind und bleiben!

Indem Sie mal ... rückwärts statt vorwärts laufen!

Lernfähig sein

„Das haben wir noch nie probiert, also geht es sicher gut!"
Albert Einstein meinte dazu: *„Verrückt ist der, der immer die gleichen Dinge tut, aber andere Ergebnisse erwartet."* Ein Mensch mit hoher Resilienz tut genau das *nicht*. Er ist eher wie ein Boxer, der im Ring zu Boden geht, angezählt wird, aufsteht und danach seine Taktik grundlegend verändert. Hier geht es also nicht nur um Flexibilität, die uns wie bei einem Gummiband hilft, uns auszudehnen und dann wieder in unsere Ausgangsposition zurückzubegeben. Nein, hier geht es um grundsätzliche Veränderung unserer Lebenstaktik, weil wir lernfähig sind und kapiert haben, dass unsere bisherige Vorgehensweise dazu führt, dass wir im Ring des Lebens zu Boden gehen. Wer dagegen nicht bereit ist, zu lernen, der steht nach einer Niederlage wieder auf und ... macht dann genauso weiter wie zuvor! Dann bekommt er vom Leben wieder eins auf die Nase und noch einmal und noch einmal, denkt aber selbst dann nicht daran, seine Denk- und Reaktionsmuster, seine Grundüberzeugungen und Verhaltensweisen zu überprüfen. Er bleibt beharrlich bei dem, wie er es schon immer gemacht hat. Das nennt Einstein „verrückt". Zu Recht!

In diesem Bereich resilienter zu werden bedeutet: Verantwortung übernehmen! Dieses Thema wird Ihnen in diesem Buch öfter über den Weg laufen, denn es ist das Kernthema eines lebensmutigen Menschen. Tatsächlich ist es manchmal das Leben selbst, das uns ohne unser Zutun eins auf die Nase gibt. Aber spätestens, wenn uns das an derselben Stelle oder in ähnlichen Situationen noch einmal und noch einmal passiert, kann man eigentlich nicht mehr ausschließlich vom Leben, den Umständen oder dem Umfeld als Verursacher sprechen.

Sie sind halt ein Pechvogel? Glaub ich nicht! Sie ziehen Krankheiten, unglückliche Liebesbeziehungen, miese Chefs und mobbende Mitarbeiter eben wie ein Magnet an? Mag sein, aber dann scheint irgendetwas mit Ihnen und Ihrem Magnetismus nicht zu stimmen! Dieses „irgendwas" gilt es nun zu klären. Was kann dabei helfen?

Analysestärke und Reflexionsfähigkeit entwickeln
Resiliente Menschen huschen über Niederlagen oder über Situationen, die „blöd gelaufen" sind, nicht einfach nur hinweg, sondern schauen hin, wie es dazu kommen konnte und was sie zum Misslingen der Situation beigetragen haben. Für dieses unkluge und fehlerhafte Verhalten übernehmen sie, wie bereits erwähnt, Verantwortung (für nicht mehr und nicht weniger!) und setzen genau an dieser Stelle an, um ihre Taktik zu korrigieren und zu verbessern. Manchen Menschen wurde diese Analysestärke mit in die Wiege gelegt, andere müssen sie sich erst aneignen. Aber auch das kann man trainieren! Sagen Sie also nicht nur: „Das Gespräch (die Veranstaltung, die Situation usw.) ist irgendwie blöd gelaufen!", sondern schauen Sie hin, *was* denn da blöd gelaufen ist. Sagen Sie nicht nur: „Meine Ehe ist im Eimer", „Ich komme mit meinen Kollegen nicht klar" oder „Ich werde andauernd krank", sondern analysieren Sie die Ursachen und die Zusammenhänge. Was könnte das mit Ihrer Person und Ihrem Verhalten zu tun haben? Und: Was könnten *Sie* verändern (und werden das demnächst auch tun!), um zu einem anderen Ergebnis zu kommen?

Korrekturbereit sein
Um diese Veränderung auch tatsächlich vornehmen zu können, müssen Sie korrekturbereit sein! Ein wunderbar kluger Satz

aus der Bibel lautet: *„Wer die Zurechtweisung missachtet, schadet sich nur selbst; wer sie aber annimmt, gewinnt Einsicht“* (Sprüche 15, Vers 32). Es gibt schwierige Situationen, bei denen Sie Ihre Anteile erkennen, aber dennoch entscheiden, dass Sie richtig gehandelt haben (es vielleicht auch gar nicht anders konnten) und genau so auch jederzeit wieder handeln würden.

Wenn Sie beispielsweise jemandem, der sich Ihnen gegenüber permanent sehr unangemessen verhält, endlich Grenzen setzen, es dadurch zu einem Eklat kommt und derjenige sich von Ihnen distanziert, werden Sie vermutlich zu dem Ergebnis kommen, dass Ihr Schritt trotzdem richtig und dringend notwendig war. Auch wenn Ihr Verhalten der Auslöser war, dass diese Beziehung nun auf Eis liegt: Zu korrigieren gibt es Ihrerseits nichts!

Weitaus häufiger sind aber die Situationen im Leben, in denen wir ganz genau wissen, dass wir falschgelegen haben und uns verändern müssten, es aber ... trotzdem nicht tun! Weil wir zu stur, zu bequem oder zu stolz sind. Letzteres gilt vor allem für jene Situationen, in denen der andere uns auch noch auf unser Fehlverhalten aufmerksam macht. Jetzt bloß nicht dem anderen den Triumph gönnen und ihm recht geben! Der oben zitierte Bibelvers macht aber deutlich, dass dieses Verhalten höchst unklug ist, weil wir uns mit unserer Unbelehrbarkeit selbst am meisten schaden. Wenn Sie Ihre Resilienz und damit Ihren Lebensmut trainieren wollen, dann werden Sie bereit, sich von anderen etwas sagen zu lassen und auch sich selbst zu korrigieren!

Wenn Sie also das nächste Mal zum wer-weiß-wie-vielten Mal angezählt am Boden liegen, dann machen Sie es wie ein guter Boxer: Stehen Sie auf, überlegen Sie, wo der Fehler lag, und gehen Sie mit einer veränderten Taktik wieder an das Leben dran. Und tun Sie es mit Zuversicht! So wie Pippi, die sagt: *„Das haben wir noch nie probiert, also geht es sicher gut!"*

Gute Selbstfürsorge

„Singt ruhig, ich erhole mich inzwischen ein bisschen. Zu viel Gelehrsamkeit kann selbst den Gesündesten kaputtmachen."

Pippi kann es sich gutgehen lassen! Dabei übertreibt sie es sicher etwas (mit dem zitierten Satz erklärt sie nämlich ihre Weigerung, weiterhin zur Schule zu gehen), aber wenn wir uns nur ein bisschen von Pippis Lebenslust und Daseinsfreude abschauen können, dann nähern wir uns schon einem weiteren Merkmal resilienter Menschen an. „Nimm dir Zeit für die Dinge, die dich glücklich machen", so las ich neulich auf dem Cover eines Buches. Genau das ist es! Pippi hat einen inneren Autopiloten, der sie immer wieder zu dem führt, was sie genau jetzt im Moment braucht, um glücklich(er) zu sein. Und dafür nimmt sie sich dann auch alle Zeit der Welt. Diesen inneren Autopiloten haben auch andere resiliente Menschen. Ihre innere Fragestellung heißt nicht in erster Linie: „Was *muss* ich jetzt tun?", oder: „Was wird von mir erwartet?", oder: „Was muss ich tun, um anerkannter, reicher oder schöner zu sein und um anderen zu gefallen?", sondern: „Was kann ich tun, damit *ich* glücklicher und zufriedener sein kann?" Oder: „Was muss ich in dieser Sache tun, damit es mir gutgeht?" Was zunächst wie Egoismus klingt, ist aber – zumindest, wenn es gut ausbalanciert ist durch Einsatzbereitschaft und Zielorientierung – eher mit einer guten Selbstfürsorge zu beschreiben. Diese gute Selbstfürsorge schützt resiliente Menschen vor dem „Zuviel". Zu viel Leistung, zu viel Arbeit, zu viel Anspruch, zu viel „Ich-will-es-richtig-machen" führen dazu, dass Sie Ihren Akku permanent wieder aufladen. Gerade weil Sie die Spielregeln von Anspannung und Entspannung, von Arbeit und Ausruhen, von Fremd- und Selbstfürsorge, von Ora et labora beachten, sind Sie sehr belastbar. So brechen Sie auch im Dienst für andere Menschen nicht nach einem kurzen, kräftezehrenden Sprint zusammen, sondern schaffen auch einen Marathon. Wie gesagt: Was zunächst wie Egoismus aussieht, erweist sich unterm Strich als das genaue Gegenteil.

Die körperliche und seelische Widerstandskraft resilienter Menschen wurzelt in einem guten Gespür für die eigenen Grenzen, in dem, was jetzt dran ist, und in der Weigerung, sich selbst und die eigenen Ressourcen permanent auszubeuten. Ihr Motto lautet: Es soll, und es darf auch mir gutgehen! Gute Selbstfürsorge heißt konkret:

Ich weiß, was mir guttut

Ich weiß, was mir guttut und was ich brauche, um (wieder) gut versorgt zu sein. Klingt erst einmal sehr simpel, ist dann aber doch gar nicht so leicht. Denn oft wissen wir gar nicht, was uns guttut, geschweige denn, was wir jetzt, in diesem Moment, brauchen. Damit sind wir äußerst anfällig für Fake News, die uns unser innerer Schweinehund schickt. Dem fällt bei dem Thema „gute Selbstfürsorge" aber nichts anderes ein als: „Ab vor den PC und im Internet herumsurfen!"

Oder: „Wie wäre es mit shoppen gehen, um die innere Leere zu füllen?"

Oder doch besser: Couch, Fernseher und Chipstüte/Eis/Tafel Schokolade/die Flasche Wein (am besten in dieser Reihenfolge ...)!

Oder (das ist dann die soziale Variante): „ Könntest du dich nicht mal wieder um jemanden kümmern? Der und die brauchen ganz dringend deine Hilfe! Wenn du für andere da bist, fühlst du deine Leere nicht mehr, und das Beste: Das Ganze sieht noch richtig selbstlos aus und sichert dir Anerkennung. Wenn das nicht clever ist!"

Oder: „Wie wär's mal wieder mit einer neuen Liebesbeziehung? Du fühlst dich dann wieder begehrt, gewollt, geliebt und wertvoll. Dass es die letzten Male immer in einem Fiasko endete und du dich benutzt und weggeworfen gefühlt hast, braucht dich jetzt nicht zu interessieren. Neues Spiel, neues Glück! Diesmal wird es bestimmt klappen!"

Diese Vorschläge sind tatsächlich Fake News. Denn sie täuschen uns etwas vor und verdrehen die Wahrheit. Wenn wir ihnen folgen, dann befriedigen wir unsere Sehnsucht nur oberflächlich und sehr vordergründig. In der Regel fühlen wir uns hinterher noch leerer und unzufriedener. Schlimmstenfalls bringen wir an dieser Stelle einen Suchtkreislauf in Gang, weil wir immer häufiger nach unserem Suchtmittel greifen, uns danach immer mieser fühlen, deswegen erneut zulangen und auch immer mehr davon brauchen.

Um diesen Fake News nicht auf den Leim zu gehen, müssen wir aufhören, vor uns selbst wegzulaufen, und sollten stattdessen den Kontakt zu uns suchen. Heißt konkret: Wenn wir mal wieder das Loch der Bedürftigkeit in uns spüren, dann hilft es, sich für einen Moment zurückzuziehen (den Schweinehund bitten wir, draußen zu bleiben), sich gerade auf einen Stuhl zu setzen und sich selbst und den eigenen Körper überhaupt erst einmal zu spüren. Unsere Füße, die beide fest auf dem Boden stehen, unseren Popo, der den Stuhl berührt und das Gewicht des Oberkörpers trägt, unsere Arme, die locker auf der Lehne liegen oder herabhängen, unsere Schultern, die erst einmal gelockert werden müssen, und unsere Gesichtsmuskulatur, die vielleicht völlig verkrampft ist. Während wir tief ein- und ausatmen, landen wir erst einmal und fahren unsere inneren Triebwerke komplett herunter.

Und dann kann man in sich hineinspüren: Welche Bedürfnisse melden sich da eigentlich? Z.B.: Ich bin einsam und bräuchte jetzt Gesellschaft.

Ich bin total erschöpft und müsste mich jetzt erst einmal ausruhen.

Ich langweile mich oder bin unterfordert und bräuchte eine neue Aufgabe/Herausforderung. Mir fehlen Wertschätzung und Anerkennung, ich bräuchte jetzt ...

Aus diesem Geerdetsein und unter Ausschluss des Schweinehundes (der liegt ja immer noch brav in seinem Körbchen), können wir in aller Ruhe überlegen, was uns denn jetzt *wirklich* und nachhaltig guttun würde. Statt fernzusehen, könnte dann ein schöner Abendspaziergang auf dem Programm stehen. Statt der Einsamkeit mit ein paar Gläschen Wein Gesellschaft zu leisten, könnte der Anruf bei einer guten Freundin helfen. Uns würde vielleicht ein kleines Schläfchen, das Lesen eines guten, ermutigenden Buches, eine Fahrradtour, der Besuch eines Museums oder eines Konzertes, ein heißes Wannenbad mit duftenden Zusätzen, ein Saunatag, das Kreieren einer neuen Deko, das Streichen eines Möbelstücks, das Malen eines Bildes, Musik machen, die Einladung guter Freunde zum gemeinsamen Kochen oder die Organisation eines Spieleabends einfallen. Erstaunlich, was uns in Sachen Selbstfürsorge für gute, kreative

Ideen kommen, wenn wir den Schweinehund und seine Fake News mal zum Schweigen verdonnern!

Ich lebe ausgewogen

Gute Selbstfürsorge heißt des Weiteren: Arbeit und Freizeit sind bei mir in guter Ausgewogenheit. Wir leben diesbezüglich mit einer großen Widersprüchlichkeit. Auf der einen Seite haben wir heute in unserem Land mehr Freizeit denn je zuvor, und auch mehr, als es in vielen anderen Ländern dieser Erde der Fall ist. Der Freizeitsektor boomt und ist bei uns längst zu einem nicht mehr wegzudenkenden Wirtschaftsfaktor geworden. Andererseits klagen viele Menschen, dass sie gestresst, völlig überlastet und total ausgepowert sind. Für diesen paradoxen Zustand gibt es eine Menge an Erklärungen, welche auszuführen an dieser Stelle viel zu weit führen würde. In unserem Kontext reicht es hinzuschauen, ob wir denn selbst in guter Ausgewogenheit leben oder uns gegebenenfalls wieder in eine gesunde Balance bringen müssen.

Das heißt für die Überlasteten und Überforderten: Gibt es eine Möglichkeit, die Anzahl meiner Arbeitsstunden zu reduzieren? Werden Überstunden in irgendeiner Form angemessen abgegolten, oder werde ich hier permanent ausgenutzt? Müsste ich mich langfristig vielleicht nach einem anderen Arbeitsplatz umschauen, der meinen Bedürfnissen, meiner Persönlichkeit und meinen Begabungen mehr entspricht? Muss der hohe Lebensstandard, den ich zurzeit pflege, wirklich sein, und ist er es wirklich wert, dass ich zu seiner Finanzierung körperlich und psychisch auf dem Zahnfleisch gehe? Gestalte ich meine Freizeit als Gegenpol zu meiner anstrengenden Arbeit in guter Weise, oder hat hier der innere Schweinehund mit seinen Fake News das Zepter übernommen?

Aber es gibt auch das Gegenteil: ein Zuwenig an Herausforderung und erfüllender Arbeit, das uns erkennen lässt, dass wir gebraucht werden, und das unserem Dasein einen Sinn gibt.

Kann sein, dass wir einer sehr stupiden, für unser Empfinden sinnlosen Tätigkeit nachgehen. Kann sein, dass wir keine Arbeit finden oder uns der Wiedereinstieg in unseren Job nicht gelingt.

Kann sein, dass wir gesundheitlich angeschlagen sind und deswegen auf dem Arbeitsmarkt als „nicht vermittelbar" gelten.

Kann sein, dass wir im Rentenalter, aber noch topfit und voll leistungsfähig sind.

Kann sein, dass wir aufgrund unserer Familiensituation (kleine Kinder, zu pflegende Angehörige ...) gerade keiner bezahlten Arbeit nachgehen können.

Wenn wir uns in dieser Situation befinden, müssen wir lernen umzudenken: Nur weil wir keiner bezahlten Arbeit nachgehen, arbeiten wir ja dennoch, können sehr herausfordernden Tätigkeiten nachgehen und damit unseren Beitrag zum Wohl der Gesellschaft leisten.

Da ich selbst aufgrund unserer vier Kinder sehr lange „nur" zu Hause war, weiß ich, wie schwer es ist, die eigene, unbezahlte Arbeit wirklich wertzuschätzen und sich gegenüber Geldverdienern nicht permanent minderwertig zu fühlen. So wie eine Freundin von mir, die neulich sagte: „Ich möchte wieder Vollzeit arbeiten gehen, um anderen zu beweisen, dass ich auch zu etwas tauge, und um mich als vollwertiges Mitglied der Gesellschaft zu fühlen. Irgendwie schäme ich mich zu sagen, dass ich nur einen Minijob habe." In ihrer Selbstabwertung hatte sie völlig ausgeblendet, dass sie durch ihre ehrenamtlichen Tätigkeiten einen enorm wichtigen Einsatz für die Gesellschaft bringt und an dieser Stelle eine Menge Kompetenzen hat. Verstecken muss sie sich damit wirklich nicht! Ich habe sie sehr ermutigt, bei sich zu bleiben und hinzuschauen, was sie denn wirklich möchte, statt einem vermeintlichen Anspruch von außen Genüge tun zu wollen. Der vorrangige Sinn von Arbeit (zumindest, wie es Gottes ursprüngliche Absicht war) liegt darin, seine Schöpfung zu bewahren, im gesamten Versorgungssystem unseren Beitrag zum Lebensunterhalt zu leisten und das Leben auf dieser Erde kreativ mitzugestalten, zu entwickeln und zu formen. Damit werden wir selbst schöpferisch tätig und finden in unserem Dasein Sinn.

Diesen eigentlichen Sinn von Arbeit können wir auch dann finden, wenn wir keiner bezahlten Arbeit nachgehen. Und wir können ihn auch neben einer, in unserer Wahrnehmung, stupiden oder sinnlosen Arbeit finden. Wie die Frau, von der ich neulich las, die einen recht eintönigen Job in einer Fabrik hat, sich aber ehrenamtlich um die Kinder Geflüchteter kümmert, mit ihnen spielt, kocht und ihnen bei den Hausaufgaben hilft. Diese unbezahlte Arbeit, so sagte sie, sei ihre eigentliche Tätigkeit. Eine Tätigkeit, die ihrem Leben Sinn gäbe, mit der sie etwas bewirke und spürbar zum Wohl der Gesellschaft beitragen könne. „Das andere“, erzählte sie, „muss halt sein, damit das Geld reinkommt.“

Ich investiere in Beziehungen

Gute Selbstfürsorge heißt auch: Ich investiere in Beziehungen. Gott hat uns nicht als Einzelkämpfer geschaffen, sondern als Menschen, die einander brauchen. Unsere Resilienz ist deutlich größer, wenn wir über ein stabiles Netz an Beziehungen verfügen. Die Bibel findet als Erklärung dafür eine sehr bildreiche, poetische Sprache: *„Zwei haben es besser, als einer alleine: Zusammen erhalten sie mehr Lohn für ihre Mühe. Wenn sie hinfallen, kann einer dem anderen aufhelfen. Doch wie schlecht ist der* *dran, der allein ist und fällt, und keiner ist da, der ihm beim Aufstehen hilft! Es können sich zwei, die in einer kalten Nacht unter einer Decke liegen, aneinander wärmen. Doch wie kann einer, der alleine liegt, warm werden? Ein Einzelner kann leicht von hinten angegriffen und niedergeschlagen werden; zwei, die zusammenhalten, wehren den Überfall ab. Und: Ein dreifaches Seil kann man kaum zerreißen"* (Prediger 4, Verse 9-12). Besser und schöner kann man die Notwendigkeit von Beziehungen für unsere Resilienz eigentlich nicht beschreiben! In solch tragende Beziehungen müssen wir aber investieren, denn sie fallen in der Regel nicht vom Himmel. Immer wieder sagen Menschen mir: „Aber ich hab niemanden!" Dann frage ich zurück: „Was tust du denn dafür, dass du jemanden ‚hast'?"

Auch hier geht es wieder darum, aus der Opferhaltung herauszutreten und verantwortlicher Mitgestalter des eigenen Lebens zu werden. Wer nämlich selbst auf andere zugeht, wer das Gespräch und die Begegnung sucht, wer sich mitteilt, wer sich öffnet, wer anderen dient und sie unterstützt, wer sich ehrlich und empathisch für das Ergehen anderer interessiert und ihnen zuhört, wer freundlich, zugänglich, zuvorkommend, unternehmungslustig und hilfsbereit ist und sich Zeit für andere Menschen nimmt, der ist jemand, von dem andere sagen werden: „Den oder die möchte ich gerne näher kennenlernen und zum Freund haben." Wer aber nichts investiert, kann hier natürlich auch nicht viel erwarten. Wer möchte schon mit jemandem zusammen sein, der unfreundlich, wenig hilfsbereit, nörglerisch und verschlossen ist? Oder der immer nur selbst redet, aber nicht zuhört, der sich nicht von seiner Couch oder aus seinen vier Wänden wegbewegen will und der nie Zeit hat? Also, fangen Sie erst einmal an, selbst der zu sein, den Sie gerne zum Gegenüber hätten. Der Rest erledigt sich dann vermutlich von selbst!

Ich achte auf die Basics
Gute Selbstfürsorge heißt: Ich achte auf die Basics wie: ausreichend Schlaf, eine gesunde Ernährung, genügend Bewegung und die Pflege meiner Spiritualität. Zur Vertiefung dieses Bereiches der Selbstfürsorge und damit zur Stärkung unserer Resilienz empfehle ich Ihnen das Buch „Body, Spirit, Soul" von Heike Malisic und Beate Nordstrand (siehe Anhang). Dass wir schlecht drauf sind, wenn wir übermüdet, hungrig oder „vollgefressen" sind, kennen die meisten von uns aus eigener Erfahrung. Genauso wie die lähmende Trägheit und Lustlosigkeit, die uns befällt, wenn wir zu viel rumhängen und uns zur Couch-Potato entwickelt haben. Wir merken sowohl an unserem körperlichen wie auch an unserem seelischen Missbehagen: Irgendetwas stimmt hier nicht!

Viel schwerer dagegen ist es zu erkennen, dass wir in Sachen Spiritualität unterversorgt sind. Wir fühlen dann nur eine tiefe Leere, Sinnlosigkeit und fehlende Verortung bzw. Anbindung. Es lohnt sich, dieses Gefühl nicht einfach nur zu verdrängen, zu betäuben oder mit Oberflächlichkeiten vorübergehend zufriedenzustellen. Dieses Gefühl will Sie ermutigen und ermahnen, dorthin zu gehen, wo Sie eigentlich hingehören: zu Gott. Denn Sie sind dazu geschaffen, in Gemeinschaft mit Gott zu leben. Bei ihm wird Ihr spiritueller Hunger gestillt, bei ihm wird Ihr Inneres satt, und bei ihm finden Sie alles, was Sie brauchen!

Wir sehen also: Manchen Menschen wurde ein gewisses Maß an Resilienz mit in die Wiege gelegt. Wenn das bei Ihnen der Fall ist, können Sie sehr dankbar sein! Wenn nicht, können Sie in diesem Bereich aber wachsen und Veränderung erfahren. Sie können resilienter *werden*. Sie können sich selbst anleiten und trainieren. Pippi hat keine Eltern, die ihr etwas beibringen, deswegen muss sie sich selbst vieles beibringen und hat gelernt, sich zu fördern und zu fordern. Wie sie das tut? Schauen Sie selbst:

„,Knie – beugt!', schrie Pippi und machte einen schönen Knicks. Dann lächelte sie Frau Settergren an und sagte mit ihrer gewöhnlichen Stimme: ,Ich bin nämlich sehr schüchtern, und wenn ich mich nicht selber kommandiere, dann würde ich in der Diele stehen bleiben und nicht wagen hereinzukommen.'"

Wahrscheinlich müssen wir alle uns selbst ein wenig kommandieren, damit wir lebensmutiger werden!

Bis hierher und nicht weiter!

Lebensmutig Grenzen setzen

Vor ein paar Wochen rief eine Freundin bei mir an und fragte mich, ob ich für ein paar Stunden ihren wenige Monate alten Labradorwelpen beaufsichtigen könne. Sie musste etliche Besorgungen in der Stadt machen, zu denen sie den kleinen Hund verständlicherweise nicht mitnehmen wollte. Aber den kleinen Kerl so lange allein zu Hause lassen – das ging auch noch nicht.

Da ich selbst an diesem Nachmittag zu Hause war, war das Ganze für mich kein Problem. Sie lud das Tier samt Zubehör bei mir ab und düste los Richtung Shoppingmeile.

Der Hund war wirklich zuckersüß, wie es kleine Hundebabys nun mal sind. Er beschnüffelte alles, knabberte meine Gartenschuhe an und zog sie durchs Wohnzimmer, wälzte sich auf unserem Teppich und hatte augenscheinlich viel Spaß.

Irgendwann bekam ich mit, dass er vor unserem Sofa hockte und mit langem Hals sehnsüchtig nach oben schielte. An seinem zögerlichen Verhalten merkte ich, dass meine Bekannte ihm bereits beigebracht hatte, dass ein Hund nichts auf einem Sofa zu suchen hat.

Er bemerkte mich, wandte sich ab und spielte weiter.

Als ich das nächste Mal nach ihm schaute, sah ich, dass er schon wieder an gleicher Stelle vor dem Sofa hockte. Diesmal aber hatte das vorwitzige Kerlchen bereits eine Pfote oben auf die Couch gelegt – könnte ja sein, dass es bei mir andere Grenzen gibt als bei seinem Frauchen. Ich räusperte mich laut und vernehmlich, was ausreichte, dass er seine Pfote direkt zurückzog und mit unschuldiger Miene Richtung Gartenclogs abdrehte.

Etliche Minuten verstrichen, bevor ich erneut nach ihm sah, und da saß das Bürschchen doch schon wieder vor der Couch! Diesmal hatte er bereits beide Pfoten obenauf, machte sich dabei ganz lang und sondierte schon mal die Lage auf dem Polster. Man konnte seine Hundegedanken förmlich sehen: „Oooh, diese superweichen Kissen und diese flauschige Decke dort in der Ecke ..."

Da ich diesen Hund nicht zu erziehen brauchte, machte ich mir den Spaß und wartete ab, wie es weitergehen würde. Er schaute mich sichtlich ertappt an, trollte sich aber erst einmal. So ganz sicher war er sich wohl doch noch nicht, woran er mit mir war.

Ich musste kurz telefonieren, bevor ich erneut einen Blick ins Wohnzimmer warf.

Und ... richtig! Jetzt thronte der kleine Kerl mitten auf meiner Couch, schaute mich mit schiefgelegtem Köpfchen aus seinen süßen, dunkelbraunen Labradorwelpenaugen an, so als wolle er sagen: „Siehste, geht doch! Hätten wir doch auch gleich so haben können!"

Ich musste lachen, hatte ich doch gerade einen typischen Fall von Grenzüberschreitung erlebt: Ich hatte keine klaren Grenzen gesetzt, also hatte der kleine Hund auf sehr charmante Weise ausgelotet, wie weit er gehen konnte. Und zwar so lange, bis er am Ziel seiner Wünsche angekommen war!

Was in diesem Fall harmlos und sogar recht witzig war, ist in anderen Situationen alles andere als ein Spaß. Denn Grenzen an den richtigen Stellen zu setzen – sodass sie uns schützen, aber nicht einengen – ist gar nicht so leicht und manchmal richtig harte Arbeit. Und ganz sicher geht es in den meisten Fällen um weitaus mehr als um ein kuscheliges Plätzchen auf der Couch!

Anders, als man zunächst denkt, geht es für lebensmutige Menschen bei dem Thema „Grenzen setzen" nicht nur um die Fähigkeit, nach außen, also anderen Menschen gegenüber, Grenzen zu setzen, sondern auch sich selbst gegenüber, also nach innen, diese Grenzen zu ziehen.

Lebensmutige Menschen haben gelernt, in guter Weise Grenzen zu setzen. Das meint zunächst einmal die Fähigkeit, sich selbst zu begrenzen und zu leiten. So verhindern sie, dass sich schädliche Gefühle, Bedürfnisse oder Verhaltensweisen in ihrem Leben ausbreiten, sie blockieren und ihnen ihren Lebensraum streitig machen. Lebensmutige Menschen haben aber auch eine klare Vorstellung von ihren Außengrenzen und haben gelernt, diese zu akzeptieren. Sie machen diese Grenzen auch für andere sichtbar und sorgen so dafür, dass sie respektiert werden. In gleicher Weise sind sie in der Lage, auch die Grenzen anderer zu achten. Lebensmutige Menschen haben verstanden, dass Grenzen nach außen und nach innen nötig sind, damit sie ihr Potenzial voll entfalten und sich bestmöglich zu dem Menschen entwickeln können, den Gott bereits in ihnen sieht.

Grenzen nach innen setzen

Eine Bekannte schickte mir neulich per WhatsApp ein Bild von einer Frau, die wie wild Popcorn aus einer riesigen Schüssel in sich hineinstopft. Darunter der Spruch: „Selbstbeherrschung ist, wenn du das Popcorn erst isst, wenn der Film anfängt." Ich musste lachen und fühlte mich ertappt, weil auch meine Selbstbeherrschung oft nur bis zur nächsten Ecke reicht!

Dass es auch Kindern nicht anders geht, zeigt ein Test, der bereits in den 1960er-Jahren von dem US-Psychologen Walter Mischel mit über 600 Kindern an der Stanford University gemacht wurde, um herauszufinden, wie vierjährige Kinder mit Versuchungen umgehen. Dazu wurden diese einzeln in einen Raum geführt, in dem sich ein Tisch mit einem Marshmallow befand. Den Kindern wurde erklärt: „Wenn ihr den Mäusespeck essen wollt, drückt bitte vorher auf die Klingel. Wenn ihr warten könnt, bis wieder jemand hereinkommt, dann bekommt ihr nicht nur den einen, sondern zwei Marshmallows." Etwa ein Drittel der Kinder schaffte es tatsächlich, sich zu beherrschen und sich dadurch einen zweiten Marshmallow zu verdienen. Der Rest konnte der Versuchung einfach nicht widerstehen.

Wenn Sie die Möglichkeit haben, dann schauen Sie sich diesen Marshmallow-Test mal auf Youtube an. Ich habe mich dabei köstlich amüsiert, nicht zuletzt deswegen, weil der Gesichtsausdruck und die Körpersprache der Kinder exakt ihre inneren Anfechtungen widerspiegeln und genau das wiedergeben, was in ähnlichen Situationen auch in uns Erwachsenen vorgeht.

Das Erstaunliche: Spätere Tests und Studien ergaben, dass Kinder, die sich bereits im Alter von vier Jahren nicht beherrschen konnten, zehn Jahre später schlechtere Noten und mehr Stress in der Schule hatten. Und umgekehrt: Wer schon als Kind über Selbstdisziplin verfügte, hatte im späteren Leben mehr Erfolg. Heißt: Nicht nur Talent und gute Ausgangsbedingungen sind nötig, um im Leben zurechtzukommen, sondern gleichermaßen die Fähigkeit, sich selbst Grenzen zu setzen, sich zu beherrschen und mit Disziplin durchzubeißen. Eine Tatsache, die jeder Lehrer, jeder Erzieher und jede Mutter mehrerer Kinder bestätigen werden und die, wie wir bereits gesehen haben, auch von der Forschung in Sachen „Resilienz" betont wird.

Dennoch: Ob man bereits als Kind diszipliniert war oder eher zu den „Sofort-und-zwar-alles-Typen“ gehörte: Auch Selbstbeherrschung, Disziplin und Selbstkontrolle lassen sich lernen! Um uns auf diesen Lernprozess einzulassen, müssen wir aber einsehen, dass die Fähigkeit, sich selbst zu leiten, zu führen und zu beherrschen, notwendig ist, damit wir im Leben das umsetzen können, was uns wirklich wichtig ist. Denn das wirklich Wichtige im Leben, das, was auch nachhaltig Qualität und Tiefe gibt, erreichen wir in der Regel erst dann, wenn wir bereit sind, auf den kurzfristigen Gewinn zu verzichten.

- Wenn ich will, dass sich meine Kinder zu starken und gesunden Persönlichkeiten entwickeln, muss ich mir hier und heute Zeit für sie und ihre Erziehung nehmen.
- Um langfristige gesundheitliche Schäden zu vermeiden, muss ich mir regelmäßig Zeit für Bewegung nehmen.
- Damit wir auch später noch eine gute Paarbeziehung haben, müssen wir uns jetzt, in dieser angespannten Situation, in einem guten Kommunikationsverhalten üben.
- Wenn ich nächstes Jahr in den Urlaub fahren möchte, muss ich dieses Jahr auf manches andere verzichten.
- Um morgen früh für das Vorstellungsgespräch fit zu sein, muss ich heute die Feier bei meiner besten Freundin früher verlassen, auch wenn alle anderen noch ausgelassen beisammen sind.
- Um das Wunschgewicht zu erreichen und zu halten, muss ich auf die Süßigkeiten verzichten.
- Um meine Beziehung zu Gott und anderen Christen zu stärken, muss ich jetzt, trotz meiner Müdigkeit, aufstehen, um einen Gottesdienst zu besuchen.

Heißt: Gib das, was du wirklich und von ganzem Herzen willst und was dir wichtig ist, nicht für etwas her, was dir zwar einen kurzfristigen Gewinn beschert, langfristig für dich aber ohne jede Bedeutung oder sogar kontraproduktiv ist!

Um uns darüber im Klaren zu sein, was uns eigentlich und *wirklich* wichtig ist, brauchen wir die Fähigkeit, sehr aufmerksam und reflektiert zu leben. Wir müssen immer mal wieder innehalten und das Ergebnis, das wir erzielen wollen, mit dem abgleichen, wie wir derzeit unterwegs sind. Ansonsten werden wir von den momentanen Anforderungen und Erwartungen des Lebens gelebt und von dem, was gerade am forderndsten und am lautesten schreit. Das Wichtige und Richtige hat dann natürlich das Nachsehen! Denn das *eigentlich* Wichtige schreit und lärmt nicht, es drängt und drängelt nicht, sondern klopft in der Regel nur ganz leise an und kommt sehr zurückhaltend daher. Damit das Wichtige in unserem Leben zu Wort kommt und dann auch in entsprechende Handlungen umgesetzt wird, müssen wir gut hinhören und hinschauen – um dann dem dringlichen „Das-muss-jetzt-und-sofort-Sein" in uns Grenzen zu setzen. Wir müssen lernen, *uns* Grenzen zu setzen.

Negativen Gefühlen Grenzen setzen

Häufig sind es gerade unsere Gefühle, die am lautesten lärmen. Das gilt besonders für die negativen Gefühle. Als „negativ" bezeichne ich solche Gefühle, die uns in einen unangenehmen Gemütszustand versetzen, uns also im weitesten Sinne innerlich leiden lassen und uns zu einem Verhalten auffordern, welches langfristig nicht lebensförderlich ist. Unser Verstand weiß oft durchaus, was richtig und gut ist, aber dann kommt eine schwierige Situation, die mit einem negativen Gefühl einhergeht, und *zack!* ist jeder gute Vorsatz dahin.

Wir *wissen* beispielsweise, dass es in einem Konflikt wichtig und richtig wäre, unseren Ärger und Unmut in angemessener Weise zu kommunizieren – aber während des Streits ist die Wut in uns plötzlich so groß, dass wir losbrüllen und mit verletzenden Worten um uns werfen.

Wir *wissen,* dass es ganz normal ist, Fehler zu machen, und dass niemand perfekt ist – und trotzdem quälen wir uns nach einem Missgeschick mit Selbstvorwürfen und versinken in einem schlechten „Ich-bin-ein-Versager"-Gefühl.

Wir *wissen,* dass es besser wäre, in dieser oder jener Situation Nein zu sagen – aber unsere Sehnsucht nach Anerkennung und Zugehörigkeit bzw. unsere Angst vor Ablehnung ist so groß, dass wir uns mal wieder zu einem Ja breitschlagen lassen.

Wir *wissen,* dass auch wir von Gott Begabungen und Fähigkeiten geschenkt bekommen haben, die es zu entfalten gilt – aber im Vergleich mit anderen fühlen wir uns dennoch minderwertig und reagieren mit neidischen und eifersüchtigen Gefühlen.

Wenn wir in solchen oder ähnlichen Situationen unsere Gefühle nicht steuern und begrenzen können, übernehmen *sie* das Steuer. Und das ist dann fatal! Denn diese negativen Gefühle treiben uns in eine völlig falsche Richtung – weg von unserer *eigentlichen* Überzeugung.

Unsere schmerzhaften Gefühle haben durchaus eine wichtige Aufgabe, nämlich, uns auf Dinge in unserem Leben aufmerksam zu machen, die unseren ureigensten Bedürfnissen und Interessen widersprechen und die nicht rund laufen. So soll uns beispielsweise unsere Angst auf eine bedrohliche Situation aufmerksam machen. Wut und Aggressionen zeigen auf, dass andere Menschen unsere Grenzen überschritten haben. Trauer verweist darauf, dass wir einen Verlust zu verarbeiten haben. Und neidische Gefühle weisen uns darauf hin, dass unser Selbstwertgefühl angeknackst ist oder jemand anders etwas lebt, was auch als tiefster Wunsch in *uns* schlummert.

Weil unsere negativen Gefühle wie Hinweisschilder in unserem Inneren sind, kann es im Umgang mit ihnen nie darum gehen, sie einfach nur wegzudrängen. Begrenzen heißt an dieser Stelle nicht unterdrücken, sondern hinhören, diese Gefühle dann aber in guter Weise zu leiten und zu lenken.

Denn es sollte immer klar sein: Der Herr im Haus sind *wir*, und unsere Gefühle sind nur Diener, die uns zuarbeiten!

Was kann uns ganz praktisch dabei helfen, unseren negativen und leiderzeugenden Gefühlen Grenzen zu setzen? Hier ein paar Impulse:

Sprechstunde für Gefühle

Um unsere Gefühle zu leiten, sollten wir ihnen einen Ort und eine Zeit zur Verfügung stellen, in denen sie sein dürfen, wir sollten sie aber nicht immer und überall zu Wort kommen lassen. Solche „Sprechstunden“, in denen wir uns mit ihnen auseinandersetzen, können eine Gebetszeit sein, ein vertrauensvolles Gespräch mit einem kompetenten Menschen, ein langer, einsamer Spaziergang oder ein „Von-der-Seele-Schreiben“ in ein Tagebuch. Auf diese Weise geben wir unseren Gefühlen viel Raum, zu Wort zu kommen und uns auf wichtige und nachdenkenswerte Themen aufmerksam zu machen. Etwa, dass wir gerade einen Interessenskonflikt haben, dass wir mit uns unzufrieden sind, dass wir überlastet und überfordert sind, uns bedroht fühlen und Ähnliches. Aber jede Sprechstunde ist begrenzt und hat irgendwann ein Ende. Dann sollten wir uns ganz bewusst wieder anderen Tätigkeiten oder Gedanken zuwenden und damit unseren Gefühlen signalisieren: Ihr habt eure Zeit gehabt, aber jetzt ist wieder etwas anderes dran. Zu einem späteren Zeitpunkt können wir unser Gespräch gerne noch einmal aufnehmen – aber jetzt nicht!

Abstand nehmen

Um wieder einen klaren Kopf zu bekommen und uns aus der Umklammerung unserer negativen Gefühle zu befreien, ist es hilfreich, die Situation, die solch heftige Gefühle in uns hervorbringt, erst einmal zu verlassen. Alle Mütter kennen diesen Tipp: Wenn dich dein Kind zur Weißglut treibt und du kurz davor bist, handgreiflich zu werden, dann verlass das Zimmer oder (wenn die Kinder schon älter sind) verlass das Haus und geh erst einmal eine Runde um den Block, damit du wieder runterkommst und deine Gefühle sich abkühlen können.

Auf diese Weise einen emotionalen Abstand aufzubauen befähigt uns, wieder zu dem zurückzukehren, was wir *eigentlich* wollen (in diesem Fall das Anliegen, ein gutes und für Kinder vorbildliches Konfliktverhalten an den Tag zu legen und einen Streit ohne Gewalt zu beenden). Damit haben wir dem negativen Gefühl in uns (unbändiger Zorn) und seinen schädlichen Auswirkungen eine Grenze gesetzt.

Neulich hatten wir eine sehr belastende Familiensituation, die mich in einen Strudel von Angst, Panik und Bedrückung zog. Ich hatte das Empfinden: Ich kann gar nicht mehr klar denken! Nun hatte ich an diesem Wochenende aber eine Veranstaltungsreihe und *musste* mich von der familiären Situation losreißen. Jeder Kilometer, den ich zum Veranstaltungsort fuhr, bewirkte, dass ich Abstand zu der bedrückenden Situation zu Hause und damit auch zu den entsprechenden Gefühlen bekam. Am Ziel angekommen, hatte ich erst recht keine Zeit und Kapazitäten, mich noch länger mit der häuslichen Situation auseinanderzusetzen. Für ein Wochenende war ich aus dem Thema komplett raus mit dem Ergebnis, dass sich meine Gefühlslage erholen und stabilisieren konnte und ich nach dem Wochenende mit neuer Kraft zurückgehen konnte. Jetzt war ich völlig anders drauf, und das, was vorher noch großes Drama war, konnte ich jetzt viel gelassener sehen.

Fazit: Immer mal wieder raus aus der gefühlsgeladenen Situation und auf Abstand gehen!

Aus einer Mücke keinen Elefanten machen

Gefühle zu leiten heißt auch, aus einer Mücke keinen Elefanten zu machen, emotionsgeladene Themen bewusst zu versachlichen und nicht alles persönlich zu nehmen. Und dafür brauchen wir, je nach Typ, wirklich Disziplin! Denn unsere Gefühle wollen häufig das ganz große Kino, auf dessen Leinwand wir als Dramaqueen die Hauptrolle spielen.

Deswegen bemühe ich mich, in emotional sehr aufgeladenen Situationen (etwa, weil der andere etwas gesagt hat, das mich wahnsinnig aufregt) das Gesagte so sachlich wie möglich zu betrachten und jedes Hineininterpretieren zu unterlassen (leider bleibt's oft bei dem Versuch …). Das lässt Spielraum für eine ausgewogene Sicht der Dinge. Statt sofort und ausschließlich zu denken: „Der andere hat etwas gegen mich", oder: „Der will mich verletzen, der mag mich nicht, der will mich niedermachen" usw., versuche ich bei dem zu bleiben, was der andere *tatsächlich* gesagt hat. Das ist oft viel neutraler als das, was ich daraus gemacht habe, stiehlt der Dramaqueen die Show und holt sie auf den Boden der Tatsachen zurück. Solchermaßen geerdet kann ich jetzt – wenn ich schon unbedingt etwas hineindeuten will – auch eine andere Interpretation vornehmen, die mit meiner Person nichts zu tun hat. Zum Beispiel: „Der andere hat heute einen schlechten Tag", „Er war mit seinen Gedanken wahrscheinlich einfach nur woanders" oder „Er hat sich in der Wortwahl vergriffen".

Mit dieser Klarstellung habe ich den überbordenden, negativen Gefühlen in mir Grenzen gesetzt.

Zusammenhang von Gedanken und Gefühlen verstehen

Um unseren negativen Gefühlen ihre Grenzen aufzuzeigen, können wir auch den Wahrheitsgehalt des Gedankens, der *hinter* diesem Gefühl steckt, überprüfen, um dann möglicherweise eine Korrektur und Neubewertung vorzunehmen. Damit verändern wir ganz automatisch unsere Gefühlswelt.

Dem liegt eine wichtige Erkenntnis aus der kognitiven Verhaltenstherapie zugrunde, nämlich die: Unsere Gefühle folgen unseren Gedanken und Überzeugungen!

Je nachdem, wie wir über eine Sache denken und wie wir sie bewerten, erzeugen wir tatsächlich *selbst* entsprechende Gefühle in uns. Albert Einstein sagt dazu: *„Die einzigen wirklichen Feinde eines Menschen sind seine eigenen negativen Gedanken."*

Stellen Sie sich vor, Sie sind allein zu Hause und liegen abends im Bett. Sie sind gerade dabei einzuschlafen, da hören Sie von unten, aus dem Erdgeschoss, ein Geräusch. Mit dem Gedanken: Das war die Katze, die durch die Katzenklappe hereingekommen ist, wird Ihre Gefühlslage unverändert entspannt bleiben. Sie werden sich umdrehen und einschlafen. Dagegen werden Sie mit dem Gedanken „Da unten ist ein Einbrecher" sofort

Angstgefühle mit entsprechenden psychosomatischen Symptomen wie Herzrasen oder Schweißausbrüchen produzieren. Heißt: Sie haben ein und dieselbe Situation unterschiedlich bewertet und je nach Deutung völlig entgegengesetzte Gefühle in sich entstehen lassen.

Die Richtigkeit der Behauptung *Erleben + Gedanke/Bewertung = Gefühl* können Sie in den unterschiedlichsten Situationen des Alltags, auf die Sie mit negativen Gefühlen reagieren, überprüfen. Wenn Sie im Stau stehen und sich wahnsinnig ärgern, wenn Sie eine schlechte Nachricht erhalten und Angst bekommen ...

Die Bewertung einer Situation ist bei der Entstehung unserer Gefühle also ausschlaggebend. Diese Tatsache macht deutlich, dass wir bei ihrer Entstehung keine hilflosen Opfer, sondern verantwortliche Mitgestalter sind. Denn keine Person oder Situation kann uns von außen einfach schlechte Gefühle *machen*, auch wenn wir das fälschlicherweise manchmal so formulieren, indem wir beispielsweise sagen: „*Du* machst mich total wütend!" Nein, die Wahrheit ist: Ich selbst produziere durch meine Gedanken und Bewertungen über das Geschehene dieses negative Gefühl in mir. „*Ich* ärgere *mich* über dich!" So wäre es richtiger und zutreffender formuliert!

Egal, ob sich jemand immer wieder verspätet, die Kinder ihre Klamotten im ganzen Haus herumfliegen lassen, es in Strömen gießt oder sich schon wieder ein dicker Infekt anbahnt, können wir uns fragen: Was sind meine Gedanken zu diesem Thema? Und wir werden merken: Wir erzeugen mit diesen Gedanken und Bewertungen bestimmte Gefühle in uns (meistens sind es sehr negative Gefühle, weil wir die geschilderten Situationen auch sehr negativ bewerten).

Sodann können wir uns fragen: Könnte ich mit einer anderen

Bewertung der Situation meine emotionale Befindlichkeit zum Guten verändern?

Es geht an dieser Stelle nicht darum, dass wir etwas gut- oder schönreden, was nicht gut *ist.* Wenn ich krank bin, Chaos im Haus herrscht, weil keiner hinter sich aufräumt, es aus Kübeln gießt oder sich jemand bei Verabredungen permanent verspätet – dann ist das nicht schön. Das darf ich auch benennen, und entsprechende Gefühle dürfen auch sein.

Aber es geht darum, dass wir uns nun nicht durch Überbewertungen immer weiter in diese belastenden Gefühle hineinsteigern und dann einen Tunnelblick bekommen, der alle anderen Gedanken ausblendet, die uns zu einer emotionalen Ausgewogenheit verhelfen.

Darüber hinaus geht es darum, dass wir uns nicht unnötig lang mit leiderzeugenden Gefühlen das Leben schwermachen, sondern uns so schnell wie möglich in den Handlungsmodus begeben. Statt uns mit unserem Ärger das Leben schwerzumachen, gilt es zu fragen: Was kann ich in dieser Sache *tun*, damit es mir wieder besser geht? Möglicherweise kann das dann auch bedeuten, dass wir deutliche Grenzen setzen müssen – ein Thema, um das es in diesem Kapitel auch noch gehen wird.

Schädlichen Bedürfnissen und Handlungen Grenzen setzen

Jede Mutter „liebt" diese Situation: Man befindet sich samt Nachwuchs in der Öffentlichkeit (etwa beim Einkaufen, auf einer Familienfeier oder im Bus), und plötzlich kommt es einem der reizenden Kinder in den Sinn, dass es unbedingt etwas haben oder tun will. Und zwar jetzt und sofort! Wenn der geäußerte Wunsch von Ihnen nicht erfüllt wird, wird das Kind lauter und nachdrücklicher: „Ich will aber, ich will aber!" Alle Erklärungs- und Beschwichtigungsversuche Ihrerseits prallen ab, das Gesicht des Kindes läuft rot an, Fäustchen werden geballt, die Stimme wird laut und schrill, und wie ein sturer Esel weigert sich das Kind, auch nur einen Schritt weiterzugehen, oder schmeißt sich, um das Procedere abzukürzen, direkt auf den Boden. Alle Blicke richten sich auf Sie, und in diesen Blicken sind eigentlich nur zwei Fragen zu lesen:

„Na, wie wird die Mutter diese Situation jetzt wohl lösen?" Und:

„Warum hat diese Frau ihr Kind nicht besser im Griff? So was hätte es früher nicht gegeben!"

Wahlweise treffen Sie auch sehr mitleidige Blicke, nach dem Motto: „Was für ein Monster! Die arme Mutter! Wie kann man sich so etwas nur antun!"

So oder so würden Sie am liebsten im Boden versinken. Ob Sie jetzt Ihr „Nein" durchziehen, nachgeben oder mit dem Kind einen Kompromiss aushandeln, der es aus seinem „Ich will aber, ich will aber!" herausholt, hängt von Ihrer Nervenstärke, von Ihrem pädagogischen Geschick und natürlich auch von der Reife des Kindes ab.

Bedürfnisse, die uns zu entsprechenden Handlungen oder einem ganz bestimmten Verhalten animieren wollen, können auch bei uns Erwachsenen sehr stark sein. Auch in uns schreit es manchmal: „Ich will aber, ich will aber!"

Wikipedia informiert zu dem Begriff „Bedürfnisse": *„Unter Bedürfnis versteht man in der Alltagssprache Verlangen, Wunsch,*

Ansprüche (‚wachsende Bedürfnisse') oder etwas meist Materielles zum Leben Notwendiges. In der Psychologie wird Bedürfnis oft definiert als Zustand oder Erleben eines Mangels, verbunden mit dem Wunsch, ihn zu beheben."

Ich ermutige gerade Frauen sehr dazu, ihre Wünsche und Bedürfnisse ernst zu nehmen und auch alles daranzusetzen, sie durch kleine, konkrete Schritte in den Alltag hineinzuholen und Wirklichkeit werden zu lassen. Denn meiner Wahrnehmung nach sind es tendenziell nach wie vor Frauen, die ihre Sehnsüchte, Wünsche und Bedürfnisse (und damit sich selbst und ihr Leben) zugunsten anderer Menschen hintanstellen.

Aber auch für Frauen gilt: Es gibt nicht nur lebensförderliche Wünsche und Bedürfnisse in uns, sondern auch solche, die nicht zielführend und lebensförderlich sind und uns zu Handlungen anstiften wollen, die uns schaden.

Etwa das Bedürfnis, uns mit Süßigkeiten vollzustopfen.

Oder das Bedürfnis, uns immer wieder in den Vordergrund zu spielen.

Oder das Bedürfnis zu shoppen, obwohl der Kleiderschrank bereits aus allen Nähten platzt.

Das Bedürfnis, bei unseren Erzählungen zu übertreiben, um unseren Worten mehr Nachdruck zu verleihen.

Das Bedürfnis, schlecht über andere zu reden.

Das Bedürfnis, mit unserem Gegenüber zu verschmelzen und um jeden Preis Harmonie herzustellen.

Das Bedürfnis, unsere Zeit stundenlang am Handy, mit dem Anschauen irgendwelcher sinnfreien Serien oder mit dem Herumsurfen im Internet zu verbringen.

Oder das Bedürfnis, andere zu dominieren, zu kontrollieren oder zu manipulieren.

Da hilft nur eins: Wir müssen lernen, diesen unguten Bedürfnissen Grenzen zu setzen.

Eine Voraussetzung dafür ist, dass wir ein Gespür für das bekommen, was uns wirklich und nachhaltig guttut und unserem Lebensmut zuträglich ist und was uns und anderen schadet.

Das können wir aber erst, wenn wir uns diesen Bedürfnissen stellen und uns reflektiert mit ihnen auseinandersetzen. Das wiederum bedeutet zunächst vor allem, dass wir unsere Wünsche, Sehnsüchte und Bedürfnisse nicht länger verschämt verleugnen oder verdrängen. Hier gilt: Alles, was ist, darf auch sein! Denken Sie dran: Sie sind von Gott geliebt und angenommen, so, wie Sie sind. Das befreit, sich selbst anzuschauen, wie man *ist*, und nicht nur das sehen zu wollen, was man gerne *wäre*.

Den Mangel erkennen

Ein *„Zustand oder Erleben eines Mangels, verbunden mit dem Wunsch, ihn zu beheben“* – so haben wir gerade in der Definition gelesen. Heißt: Unseren Bedürfnissen liegt ein Mangel zugrunde. Diesen Mangel gilt es aufzuspüren, und zwar den *eigentlichen* Mangel, der hinter dem Bedürfnis steckt.

Was ist denn der *eigentliche* Mangel hinter dem unkontrollierbaren Shoppingzwang?

Welcher Mangel ist denn *eigentlich* in mir, dass ich mich angesichts fetter oder süßer Lebensmittel überhaupt nicht mehr bremsen kann? Ein Mangel an Nähstoffen wird es ja wohl kaum sein!

Warum habe ich so ein großes Bedürfnis, schlecht über andere zu reden oder mich selbst hervorzutun? Welcher *eigentliche* Mangel steckt denn dahinter?

Oder welcher Mangel ist in mir, dass ich Kontroversen mit

anderen Menschen nicht aushalten kann, sondern Harmonie um jeden Preis herstellen möchte?

Wenn wir unseren grundsätzlichen Mangel und unsere tieferliegende Unzufriedenheit erkennen und bearbeiten, werden sich die an der Oberfläche liegenden Bedürfnisse vermutlich gar nicht mehr so intensiv melden. Sie sind ja nur Symptome, deren Ursachen wir nun angehen.

Das Ziel vor Augen

Gib das, was du am meisten willst, nicht auf für das, was du gerade *jetzt* willst – das ist ein wirklich kluger Satz. Aber das Problem bei sehr starkem Verlangen ist, dass der Gegenstand unserer momentanen Begierde gerade *jetzt* sehr sichtbar oder fühlbar ist und uns damit eine sofortige Befriedigung unserer Bedürfnisse verspricht. Die Spannung kann jetzt und sofort aufgelöst werden – wenn wir nur nachgeben.

Unser Gehirn giert nach Belohnung. Die Aussicht auf Glücksgefühle und Befriedigung motiviert extrem stark zum Handeln. Dafür sorgt das neuronale Belohnungssystem im Gehirn. Hauptakteur in diesem System ist der „Glücksbotenstoff" Dopamin. Er generiert Verlangen und Belohnungserwartung und ist damit ein wichtiger Motivator. Empfinden wir Freude oder Glück, wird das Denkorgan von Botenstoffen durchflutet. Das schafft Wohlgefühl und lässt Menschen agieren. Allein das Wissen, dass uns gleich solch ein Glücksgefühl durchfluten wird, lässt alle guten Vorsätze dahinschmelzen.

Dagegen verspricht das größere, aber weiter entfernte Ziel, also das, was wir *eigentlich* erreichen wollen, zwar auch eine Befriedigung (die die momentane Befriedigung möglicherweise sogar um ein Vielfaches übersteigt), aber das gute Gefühl wird noch einige Zeit auf sich warten lassen. Wenn das Dopamin aber bereits in den Startlöchern sitzt, ist unser Gehirn mit dieser Verzögerung gar nicht einverstanden. Denn das Vanilleeis direkt vor der Nase ist eben ein größeres Argument für das Belohnungssystem in unserem Gehirn als die gute Figur in drei Monaten. Und die Aussicht, mal wieder alle um uns herum glücklich zu machen, würde uns *jetzt* mit einem guten Gefühl belohnen, während sich das gute Gefühl durch einen „Ich-bleibe-bei-mir-selbst-und-sorge-auch-gut-für-mich"-Lebensstil erst nach einem langwierigen Veränderungsprozess einstellt.

Befinden wir uns öfter in solch einer Zerreißprobe zwischen dem Jetzt und dem Später, kann es helfen, dass wir uns unsere Fernziele immer wieder intensiv vor Augen malen. Denn wir reagieren nicht nur auf reale Dinge, sondern auch auf Vorstellungen und Erwartungen.

Stellen Sie sich vor, Sie beißen in eine Zitrone – wahrscheinlich läuft schon bald Speichel in Ihrem Mund zusammen. Oder denken Sie an eine dicke, haarige Vogelspinne – das wird vermutlich auch etwas mit Ihnen machen! Das heißt, allein die *Vorstellung* einer Sache bringt in unserem Innern etwas in Gang.

Diesen Umstand können wir uns zunutze machen und uns unser Fernziel – das, was wir eigentlich erreichen wollen – immer wieder vor Augen malen. Indem wir uns gedanklich viel mit diesem Fernziel beschäftigen, es innerlich anschauen und auch viel darüber sprechen, treten unsere momentanen Bedürfnisse in den Hintergrund.

Schon Antoine de Saint-Exupéry sagte: *„Wenn du ein Schiff bauen willst, so trommle nicht Leute zusammen, um Holz zu beschaffen, Werkzeuge vorzubereiten und die Arbeit einzuteilen, sondern wecke in ihnen die Sehnsucht nach dem endlosen, weiten Meer."*

Die Bedürfnisse austricksen

Kennen Sie das? Sie stehen vor dem Kühlschrank und meinen, Sie müssten sterben, wenn Sie nicht sofort und auf der Stelle die Tafel Schokolade vernichten, die Sie anlacht. Oder Sie haben im Internet ein paar supercoole Stiefel entdeckt, die Sie unbedingt haben möchten, auch wenn Sie sich das momentan gar nicht leisten können. Nichts scheint in diesem Moment wichtiger zu sein als diese Tafel Schokolade oder der Kauf der Stiefel. Sie haben die Hand schon ausgestreckt – da klingelt das Telefon. Ihre Freundin ist dran, die im Moment bis über beide Ohren in Problemen steckt und Ihren Rat und Beistand braucht. Binnen Minuten sind Sie von Ihrem ursprünglichen „Das-*muss*-ich-jetzt-unbedingt-Haben" abgelenkt und mit etwas ganz anderem beschäftigt, nämlich den Problemen ihrer Freundin. Das Ergebnis: Nach dem Telefonat sind Schokolade oder Stiefel gar nicht mehr so wichtig, denn der ursprüngliche Reiz wurde von einem neuen Reiz überlagert. Damit hat der erste Reiz seine Anziehungskraft verloren, denn Sie sind durch Ablenkung auf Abstand gegangen.

Wenn Sie diesen Abstand beibehalten oder sogar noch vergrößern und sich nicht wieder in den Bann des ersten Reizes begeben, haben Sie es geschafft, der Versuchung zu widerstehen. Wir können unsere Bedürfnisse also austricksen und sie von ihrem Ziel, der sofortigen Befriedigung, ablenken, indem wir einen neuen Reiz schaffen, auf den wir uns jetzt konzentrieren und ausrichten. Statt sofort nachzugeben, könnten Sie beispielsweise Ihrerseits nach dem Telefonhörer greifen und jemanden anrufen oder eine wichtige E-Mail beantworten oder erst einmal einen dringenden Einkauf erledigen oder im Garten die Blumen gießen oder oder ... Es muss gar nichts Weltbewegendes sein. Wichtig ist, dass wir *irgendetwas* machen, was uns aus dem Bann des „Ich-*muss*-Jetzt" löst. Dann lässt der Druck in Richtung sofortiger Befriedigung in der Regel nach einiger Zeit nach – wir haben es geschafft!

„Und führe uns nicht in Versuchung ..."

Das Thema „Versuchung" beschäftigt die Menschheit seit eh und je und findet einen vielfältigen Ausdruck in Kunst, Musik und Weltliteratur. Auch die Bibel beschäftigt sich in der Erzählung vom sogenannten Sündenfall im 1. Buch Mose, Kapitel 3, mit dem Thema. Fast immer taucht in Verbindung mit dem Wort „Versuchung" dann auch der Begriff „Sünde" auf, zu der uns die Versuchung verleiten will. Eine sehr gute Übersetzung und Interpretation des Wortes „Sünde" ist das Wort „Zielverfehlung". Es meint genau das, was wir in diesem Kapitel besprochen haben: Durch die Versuchung, die – wenn wir ihr nachgeben – entsprechendes Fehlverhalten nach sich zieht, verfehlen wir das *eigentliche* Ziel. Dieses *eigentliche* Ziel ist im weitesten Sinne die ungetrübte Gemeinschaft mit Gott, die unserem Leben sogar über den Tod hinaus Sinn und Erfüllung gibt. Darüber hinaus verfehlen wir durch die Sünde aber auch viele kleine Ziele, weil wir uns immer wieder von der Versuchung ablenken lassen.

Uns gegen diese zu stemmen ist extrem schwer. Es scheint Kräfte in uns zu geben, die stärker sind als all das Gute, das wir ja *eigentlich* wollen. Der Apostel Paulus beschreibt diesen Zustand sehr zutreffend: *„Immer wieder nehme ich mir das Gute vor, aber es gelingt mir nicht, es zu verwirklichen. Wenn ich Gutes tun will, tue ich es nicht. Und wenn ich versuche, das Böse zu vermeiden, tue ich es doch"* (Römer 7, Vers 19).

In dem, was er dann weiterschreibt, findet er aber einen Ausweg aus dem Dilemma. Denn Gott hat in Christus und durch das, was am Kreuz geschehen ist, der Sünde (den unguten Kräften in uns) die Macht genommen. Wer glaubt, wird mit Gottes Geist erfüllt, von dem in der Bibel gesagt wird: *„Gott hat uns nicht einen Geist der Verzagtheit gegeben, sondern den Geist der Kraft, der Liebe und der Besonnenheit“* (2. Timotheus 1, Vers 7).

Das Wort Besonnenheit könnte man auch mit „Selbstbeherrschung“ übersetzen, etwas, das der Geist Gottes zunehmend in uns wachsen lässt (vergleiche auch das Bild von den Früchten im Brief an die Galater, Kapitel 5,22). Wir sind in der Auseinandersetzung mit unseren Versuchungen also nicht allein, sondern haben in uns eine übermenschliche Kraftquelle, die uns hilft, unsere Versuchungen zu überwinden und unseren schädlichen Bedürfnissen und Handlungen Grenzen zu setzen.

Grenzen nach außen setzen

Eines unsere Kinder hatte zu seinem vierten Geburtstag „Seifenblasen XXL“ geschenkt bekommen. Mit einem dazugehörigen Gerät konnte man riesengroße Seifenblasen zaubern, eine Tätigkeit, der die Kinder stundenlang nachgingen. Ihr Ziel war es dabei, möglichst langlebige Seifenblasen zu kreieren. Das gelang nur eingeschränkt – spätestens an den spitzen Zweigen unseres Apfelbaums gaben diese fragilen, schillernden Gebilde ihren Geist auf.

Seifenblasen haben zwar eine sehr elastische Oberfläche (genial anzusehen, wenn sie sich beim Aufblasen in verschiedenste Richtungen wölben und dehnen), aber sie sind im wahrsten Sinne des Wortes zu dünnhäutig.

Diese Außenhaut eines Materials oder eines Gewebes wird

in der Biologie als Membran bezeichnet und dient der Trennung von Innen und Außen. Bezüglich ihrer Durchlässigkeit sind Membranen, je nach Stoff, sehr unterschiedlich. Da gibt es völlig undurchlässige Membranen, aber auch *teilweise* durchlässige oder nur *in eine Richtung* durchlässige und solche, die *vollständig* durchlässig sind. Die Industrie macht sich diesen Umstand etwa bei der Herstellung von Outdoor- oder Sportbekleidung zunutze, um eine unterschiedliche Durchlässigkeit von Luft oder Feuchtigkeit zu erzeugen. Das neudeutsche Wort dafür lautet „atmungsaktiv".

Auch wir Menschen haben solch eine „Membran" um uns herum. Erst mal äußerlich: unseren Körper. Aber auch unser innerer Mensch, unsere Seele, besitzt eine Membran. Und da gibt es große Unterschiede, was die Durchlässigkeit dieser Schutzschicht angeht. Da sind Menschen, deren Begrenzungen gleichen Mauern: Nichts kommt rein, und nichts kommt raus, nichts scheint sie wirklich zu tangieren, und es kommt zu keinen Schwingungen und Verbindungen mit der Außenwelt. Da gibt es Menschen, deren Grenzen je nach Situation und Gegenüber mal sehr offen und durchlässig, mal fest verschlossen sind. Oder Menschen, die ihre Grenzen für *andere* weit öffnen, sich selbst und ihr Inneres aber fest verschließen. Und es gibt Menschen, die generell sehr offen und empathisch sind, dabei aber in der Gefahr stehen, grenzenlos und damit auch schutzlos zu sein. Diese Menschen haben, ähnlich wie Seifenblasen, zwar sehr elastische, aber auch häufig viel zu schwache Grenzen. So gehen sie nicht selten an den Widrigkeiten des Lebens kaputt.

Je nachdem, wie unser persönliches Strickmuster ist und wie wir geprägt wurden, kann uns ein Zuviel oder ein Zuwenig an Durchlässigkeit zum Problem werden.

Ich? Du? Oder Wir?

Diese Unterschiedlichkeit in Sachen Grenzen macht sich vor allem im Umgang mit anderen Menschen bemerkbar und in dem, was uns durch sie an Nöten, Problemen, Konflikten, Ansprüchen und Erwartungen begegnet. Wer sich hier zu stark abgrenzt, wird als wenig mitfühlend und hart empfunden und leidet selbst möglicherweise daran, dass er keine wirkliche Verbindung zu anderen Menschen und damit kein „Wir" herstellen kann.

Wer sich aber gar nicht abgrenzen kann, der verliert sich selbst und blutet im Kontakt mit anderen aus. Wir sind dann vorwiegend draußen, im „Du" oder „Wir", unterwegs und nicht da, wo wir eigentlich hingehören: in die schützenden Grenzen unseres Ichs! Wir passen uns wie ein Chamäleon dem jeweiligen Gegenüber an, wissen oft schon im Vorhinein, was der andere von uns erwartet oder was er hören will, und bemühen uns eifrig, diese Erwartungen zu bedienen.

Ganz häufig haben diese Erwartungen von außen eine Entsprechung *in* uns, an die sie andocken können, eine Erwartung, die wir *selbst* an uns haben, oder ein Ideal, dem *wir* entsprechen wollen. Die (vielleicht) unausgesprochene Erwartung: „Du musst mir helfen!", dockt beispielsweise an die innere Erwartung bzw. das innere Ideal „Ich möchte/muss ein hilfsbereiter Mensch sein" an. Findet eine Erwartung von außen eine Entsprechung in uns, dann sind unsere Grenzen extrem einsturzgefährdet. Der Angriff von außen wird ja von einem Angriff von innen, aus den eigenen Reihen, unterstützt. Auf diesem Weg geschieht es dann ganz schnell, dass sich unsere Grenzen auflösen, wir die Probleme und Nöte des anderen zu unseren eigenen Problemen machen und im Extremfall komplett mit ihnen verschmelzen.

Ohne diese Grenzen wird unser eigener Lebensraum aber immer kleiner und enger. Weil wir uns nun ganz existenziell bedroht fühlen, reagieren wir irgendwann über. Plötzlich wird uns *alles* zu viel: all die Erwartungen der anderen, all ihre Wünsche und Bedürfnisse, mit denen sie an uns herantreten, all die Probleme und Nöte, die wir durch unsere Durchlässigkeit oder gar Verschmelzung extrem stark mit-fühlen, all die Menschen, die in uns eindringen ...

Das *aktive* Reaktionsmuster in solch einer Situation ist die Aggression. Haben wir diese Menschen vorher noch fürsorglich und aufopfernd geliebt, beginnen wir nun, sie abzulehnen, denn wir fühlen uns plötzlich im Zusammensein mit ihnen extrem überfordert und erleben ihre Gegenwart nur noch als anstrengend und belastend. Möglicherweise schlagen wir jetzt um uns, explodieren, werden biestig, grob und verletzend.

Das eher *passive* Reaktionsmuster ist Rückzug, der oft mit psychischen oder körperlichen Störungen, wie etwa Depressionen, Angstzuständen oder psychosomatischen Erkrankungen, einhergeht. Statt zu explodieren, implodieren wir. Dann igeln wir uns ein, ziehen uns komplett aus dem Leben in das noch verbliebene „Ich" zurück und lecken dort unsere Wunden.

Häufig kommt es auch zu einer Vermischung dieser beiden Reaktionsmuster.

Ob aktive oder passive Reaktion: In beiden Fällen kommt es zu einem extremen Verhalten, das unserem Ich seine schützenden Grenzen wieder zurückgeben soll. Ist uns das geglückt und haben wir unser Land wieder zurückerobert, könnte diese Erfahrung eigentlich zum Anlass genommen werden, uns langfristig und nachhaltig in diesem gesunden Gleichgewicht von „Ich", „Du" und „Wir" einzurichten, die neugesetzten

Grenzen beizubehalten, zu stärken und notfalls auch zu verteidigen.

Letzteres passiert häufig aber *nicht.* Denn derjenige, der explodiert ist, schämt sich im Nachhinein häufig seiner Ausbrüche und versucht in der Folge durch Überanpassung, Liebenswürdigkeit, Unterwürfigkeit und noch mehr Grenzenlosigkeit seine Überreaktion und das, was er damit angerichtet hat, wieder wettzumachen.

Derjenige, der implodiert, erholt sich infolge seines Rückzugs langsam wieder, kommt zu Kräften und lässt seine mühsam erworbenen Grenzen nach einiger Zeit so nach und nach wieder fallen, weil er denkt: „Prima, es geht ja wieder!"

So oder so geht das ganze Spielchen von vorne los.

Da ich selbst zu diesem Typ „Grenzenlos" gehörte (und leider immer mal wieder gehöre), kenne ich diese Abläufe nur zu gut, habe sie selbst tausendfach durchexerziert und auch bei anderen immer wieder beobachtet: hinfallen, aufstehen und ... genauso weitermachen wie vorher!

Das ist fatal! Denn dieses Hin- und Herpendeln zwischen Extremen raubt uns enorm viele Kräfte und verhindert einen nachhaltigen Veränderungsprozess.

Im ersten Kapitel haben wir unter dem Thema „Resilienz" bereits gesehen, dass lebensmutige Menschen bereit sind, aus Fehlern zu lernen, und gerade *nicht* unverändert weitermachen, wo sie zuvor aufgehört haben.

Paul Watzlawick, ein österreichischer Philosoph, sagte dazu: *„Wenn Du immer wieder das tust, was Du immer schon getan hast, dann wirst Du immer wieder das bekommen, was Du immer schon bekommen hast. Wenn Du etwas anderes haben willst, musst Du etwas anderes tun! Und wenn das, was Du tust, Dich nicht weiterbringt, dann tu etwas völlig anderes statt mehr vom gleichen Falschen!"*

Wie aber können wir anders, sprich lebensmutig, Grenzen nach außen setzen?

Grenzen setzen erlaubt!

Wenn wir in Sachen Grenzen wie eine Seifenblase unterwegs sind, ist es dringend nötig, dass wir unsere „Außenhaut“ stärken. Das bedeutet vor allem, dass wir uns die Erlaubnis geben, eine Außengrenze haben zu *dürfen*, und zwar genau dort, wo wir sie haben *wollen* und wo *wir* es für richtig halten. Ich ertappe mich selbst immer wieder dabei, dass ich mich für gezogene Grenzen rechtfertige und meine, ich müsse mich diesbezüglich erklären. Versteht der andere mich oder verlaufen seine Grenzen bei einem bestimmten Thema in ähnlicher Weise, dann ist alles gut. Zeigt der andere aber Unverständnis oder setzt *seine* Grenzen an dieser Stelle deutlich enger oder weiter, bin ich ganz schnell geneigt, meine Grenzziehung zu hinterfragen und die Grenzen zu verschieben.

Meine Grenzen kann ich also stärken, indem ich mir immer wieder sage: Ich habe ein Recht, die zu sein, die ich bin, mit den Grenzen, die *ich* ziehe. Genauso darf der andere sein, der er ist, und darf Grenzen setzen, da, wo *er* das für richtig hält. Zu bewerten mit „richtig“ oder „falsch“ gibt es da nichts!

Eigene Grenzen kennen und akzeptieren

Aber zunächst einmal müssen wir uns selbst gut kennen, um überhaupt zu wissen, wo unsere Grenzen sind. Das benötigt ein gutes Hinhören und Hinspüren und erfordert, dass wir mit unserem Körper und unserer Seele samt den Alarmsignalen, die sie senden, vertraut sind.

Dazu gehört auch, dass wir Ja sagen zu diesen Grenzen und sie achten. Denn wenn wir selbst immer *mehr* wollen, als wir eigentlich können, und uns dabei permanent überfordern, sind ja nicht die anderen mit ihren Erwartungen schuld daran, dass wir irgendwann auf der Nase liegen, sondern wir selbst haben diese Inszenierung auf den Weg gebracht.

Also: An welchen körperlichen Signalen kann ich erkennen, dass ich an meinen Grenzen angekommen bin (z.B. eine erhöhte Infektanfälligkeit, Kopfschmerzen, Verspannungen, Magenschmerzen ...)?

Und welche Signale sendet meine Seele (wachsende Stressgefühle, Empfinden von Überforderung, Lust- und Antriebslosigkeit, Verlust der Lebensfreude, wachsende Aggression ...)?

Auf Situationen vorbereiten

Kluge Kriegsherren haben Späher, Kundschafter oder Spione. Mithilfe ihrer Informationen wissen sie, was auf sie zukommt, und können bereits vor einem Angriff in aller Ruhe überlegen, wie und mit welchen Mitteln sie die Grenzen am besten schützen. Ein Überraschungsangriff lässt sich dagegen nur äußerst schwer abwehren.

So geht es uns auch im Umgang mit unseren persönlichen Grenzen. Sicher, auf viele Situationen, die unsere Grenzen zum Wanken bringen, können wir uns nicht vorbereiten. Das Leben lässt sich nicht planen, und so wird es immer wieder zu Überraschungsangriffen kommen. Aber wir können uns zumindest auf die Situationen vorbereiten, von denen wir wissen, dass sie auf uns zukommen und dass sie uns bedrohlich werden könnten. Sei es in Ihrer Familie, in Ihrem Job, in Ihrer Nachbarschaft, in Ihrer Kirche oder an anderen Orten, wo Sie ehrenamtlich tätig sind – Sie kennen vermutlich bereits Ihre Pappenheimer, die zu Grenzüberschreitungen neigen, genauso wie die Situationen, die Sie besonders verführen, Ihre Grenzen weit und einladend zu öffnen. Wenn Sie wissen, dass Sie diesen Spezies begegnen werden, oder riskante Situationen auf Sie zukommen, dann schicken Sie Ihren inneren Kundschafter auf Tour und beraten dann mit ihm, was zu tun ist.

Welche Gefahren birgt die Situation, auf die Sie zugehen?

Welche Menschen könnten für Sie schwierig werden?

Was wissen Sie bereits von diesen Menschen? Wie und mit welchen Argumenten versuchen sie, Druck auszuüben? Wie versuchen sie zu manipulieren oder zu drohen? Wie ist ihre Körpersprache?

Worauf reagieren Sie besonders stark und sind dadurch besonders gefährdet? Ist es Druck oder Schmeichelei? Ist es Drohung oder Liebesentzug?

Womit könnten Sie sich vorher wappnen, damit Sie an diesen Stellen nicht so anfällig sind? Welche Argumente könnten Sie dem, was voraussichtlich gesagt wird, entgegenbringen?

Und wie könnten Sie sich langfristig und nachhaltig stärken, damit Sie grundsätzlich selbstsicherer und souveräner werden?

Solchermaßen vorbereitet werden Sie im Laufe der Zeit Ihre Grenzen immer besser halten können!

Wie das praktisch geht? Hier ein Beispiel aus meinem Leben.

Als Frau eines Pastors werde ich von manchen Gemeindegliedern immer mal wieder gerne benutzt, damit sie ihren Unmut über das Verhalten oder die Einstellungen meines Mannes loswerden können. In der Hoffnung, dass ich meinem Mann diese Informationen „stecken" und ihn zur Einsicht bringen würde. Der Umweg über mich scheint ihnen deutlich angenehmer und vielversprechender als die direkte Auseinandersetzung mit meinem Mann. Wenn ein Gespräch oder Telefonat mit: „Kannst du mal bitte deinem Mann sagen, dass ...", beginnt, wird mir schon ganz schlecht, und alles in mir krampft sich zusammen. Für mich ein klares Signal, dass hier jemand meine Grenzen überschreitet.

Früher ließ ich diese Grenzüberschreitung zu und spielte das Spielchen mit. Mit dem Ergebnis, dass ich in die Bresche sprang und einen Konflikt am Hals hatte, der gar nicht meiner war. Ein äußerst unerfreulicher Zustand. Schließlich bin ich nicht als Unterhändler angetreten!

Irgendwann habe ich begonnen, diese Situationen mit den oben gestellten Fragen zu reflektieren, und wusste bald genau, welche Knöpfe diese Menschen bei mir drückten, damit ich meine Grenzen öffnete.

Z.B. den der Schmeichelei: „Du kannst das deinem Mann viel besser sagen, du kennst ihn ja gut und findest immer die passenden Worte."

Oder den Druck-Knopf: „Ich muss jetzt dringend weg, und dein Mann ist noch im Gespräch, kannst du ihm bitte noch sagen, dass ..."

Oder den Mitleids-Knopf: „Mit deinem Mann kann man darüber einfach nicht reden, der hat sowieso seine Meinung, von der er nicht abweicht. Kannst du nicht mal ...?"

Unvorbereitet ging ich diesen Menschen immer wieder auf den Leim, öffnete meine Grenzen und ließ mich in einen Konflikt reinziehen.

Wusste ich aber, wem ich begegnete und was damit höchstwahrscheinlich wieder auf mich zukäme, konnte ich mich vorbereiten. Das tat ich auch! Jetzt fühlte ich mich nicht mehr als hilfloses Opfer, sondern gestaltete die Situation souverän nach meinen Vorstellungen.

Dem Schmeichler ging ich nicht mehr auf den Leim, sondern sagte: „Komm, du bist doch auch nicht gerade auf den Mund gefallen! Abgesehen davon kannst du das meinem Mann viel besser sagen, es ist doch *dein* Anliegen!"

Dem Druckmacher sagte ich: „Oh, ich hab das bis nachher bestimmt vergessen. Ruf doch nachher einfach mal an!"

Dem Mitleidsuchenden erwiderte ich: „Du, ich glaube, da kann ich dir auch nicht weiterhelfen. Aber eigentlich finde ich, dass man mit meinem Mann ganz gut reden kann. Versuch's mal!"

Das Ganze war gepaart mit einer aufrechten Haltung, meinem strahlendsten Lächeln und einem aufmunternden Klaps auf die Schulter – bevor ich mich zügig abwandte, um das Signal zu geben: Thema beendet!

Wenn alles nichts half, suchte ich den Weg des geringsten Widerstandes und ging den Leuten aus dem Weg. Oder würgte am Telefon mein Gegenüber, noch bevor es loslegen konnte, mit der Aussage ab: „Oh, tut mir leid, ich muss jetzt ganz schnell weg. Ruf doch nachher nochmal an, dann ist mein Mann – um den es ja geht – sicher wieder da."

Gelogen war das nicht! Ich musste tatsächlich ganz schnell weg: weg von diesem Telefongespräch, weg von diesem Grenzüberschreiter, weg ... in den Garten auf meinen Liegestuhl!

Vom Großen lernen – im Kleinen umsetzen: Aggression und Rückzug

Aggression und Rückzug – das waren die Reaktionsmuster bei zu eng gewordenem Lebensraum. Wenn wir das Pendel zu weit ausschlagen lassen, dann sind diese beiden Reaktionsmuster tatsächlich in ihrer Intensität viel zu extrem, für uns nicht förderlich und für unsere Mitmenschen auch nicht nachvollziehbar. Das heißt aber nicht, dass Aggression und Rückzug per se schlecht sind. Nein, in homöopathischen Dosen sind sie ein wichtiges Mittel, um in guter Weise Grenzen nach außen zu setzen.

Das Wort Aggression kommt aus dem Lateinischen und meint so viel wie: sich auf etwas zu bewegen, heranschreiten, sich nähern und ggf. auch angreifen.

Das bedeutet: Wenn Körper oder Seele das Signal „Überforderung" oder „Achtung! Grenzen bedroht!" geben, dann gehen Sie nicht in die Defensive, sondern schreiten Sie souverän und mit erhobenem Kopf an Ihre Grenzen heran, zeigen dort Präsenz, und packen Sie die Situation, die Sie bedroht, an. Seien Sie also ein Angreifer.

Das kann man ganz wohldosiert, freundlich, aber bestimmt tun – dann wird das Pendel gar nicht erst so weit ausschlagen, dass es in Sachen Aggression zu unguten *Über*reaktionen kommt. Dazu gehört eine klare und unmissverständliche Kommunikation – ein Thema, das in einem späteren Kapitel noch besprochen wird.

Bei dem eher defensiven Reaktionsmuster „Rückzug" verhält es sich ähnlich. Denn wohldosiert ist Rückzug ein wunderbares Mittel, um eine Grenze zu setzen, damit die Nöte und Probleme anderer Menschen uns nicht zu sehr in Beschlag nehmen. Durch den Rückzug aus einer Situation oder in unser Inneres haben wir die Möglichkeit, uns wieder zu sammeln, uns zu erden und zu uns selbst zurückzufinden. Das meint beispielsweise ein kurzfristiges, reales oder mentales „Ausklinken", wenn wir mit vielen oder sehr anstrengenden Menschen zusammen sind, ein vorübergehender Medienverzicht, wenn wir spüren, dass die geballten Nöte dieser Welt von uns nicht mehr verarbeitet werden können, eine tägliche Stille Zeit mit Gott, bei der wir immer wieder zum Zentrum zurückfinden, ein einsamer

Spaziergang nach einem vollen Arbeitstag, Übungen zur Körperwahrnehmung usw.

All das sind kleine Rückzüge, die uns wieder in die Balance bringen und einen extremen Rückzug überflüssig machen.

Wenn wir durch solche Maßnahmen ständig im guten Kontakt mit uns selbst sind, sind wir uns automatisch unserer Grenzen bewusst und können sie dann auch, wenn nötig, aktiv setzen.

Loslassen und die Grenzen anderer respektieren

Ein ähnlich defensives Mittel zur Verteidigung unserer Grenzen ist das Loslassen. Auch dieses Mittel eignet sich hervorragend dazu, uns vor einem Zuviel an Nöten und Problemen *anderer* zu schützen.

Es gibt Themen und Angelegenheiten, deren Bewältigung tatsächlich *unsere* Sache ist. Es gibt Themen und Angelegenheiten, deren Bewältigung aber die Sache des *anderen* ist. Und Dinge, die allein *Gottes* Sache sind.

Das Empfinden von Überforderung und der Verlust unserer Grenzen haben häufig damit etwas zu tun, dass wir (zu viel) in fremden Angelegenheiten unterwegs sind und uns weigern, dieses Thema an die betreffenden Zuständigkeiten abzugeben. Wenn Sie sich nach der Begegnung mit einem Menschen sehr gestresst und belastet fühlen, weil von dessen Seite ein Schwall an Problemen und Nöten in Ihr Leben hineingeschwappt ist, dann ist das zunächst ganz normal. Vor allem, wenn Sie ein sehr empathischer Mensch sind, also sich in den anderen intensiv und verständnisvoll hineinfühlen. Für eine gewisse Zeit waren Sie außerhalb Ihrer eigenen Grenzen, das heißt: Ihres Ichs, unterwegs. Das ist auch o.k. Wir sollen und dürfen ja mitfühlend und teilnahmsvoll sein und anderen in ihrer Problembewältigung mit Rat und Tat zur Seite stehen.

Nun geht es aber darum, wieder in die eigenen Grenzen zurückzukehren und die grundsätzlichen Zuständigkeiten zu klären. Ist das Problem und seine Lösung wirklich Ihre Sache? Ist es die Sache des anderen? Oder liegt die Lösung des Problems außerhalb jedweder menschlichen Möglichkeit und ist somit Gottes Sache? Wo gibt es Überschneidungen, und wie sehen die ganz konkret aus?

Eine Überschneidung könnte beispielsweise bedeuten, dass Sie dem anderen punktuell und ganz praktisch helfen, aber emotional in Ihren Grenzen bleiben, sich also nicht immer wieder so stark in seine Situation hineinfühlen. Oder dass Sie nur einen kleinen Beitrag leisten, dann aber im Gebet den großen Batzen an Gott abgeben und sich konsequent weigern, sich länger über dieses Thema Gedanken zu machen.

Unsere Fähigkeit, andere loszulassen, wächst mit unserer Bereitschaft, die Grenzen anderer zu respektieren. Wenn wir nämlich unsere Grenzen verlassen und nicht nur vorübergehend, sondern dauerhaft und viel zu intensiv im Leben des anderen „herumfuhrwerken“, dann sind *wir* zu Grenzüberschreitern geworden. Wir respektieren die Grenzen anderer Menschen nicht und überschreiten zudem auch unsere Kompetenzen Richtung Gott. Denn das Leben des anderen liegt in Gottes Hand und nicht in unserer. Und in das Leben des anderen einzugreifen ist letztlich auch allein seine Sache!

Interessanterweise sind gerade die Menschen, die darüber klagen, dass andere ihre Grenzen niederrennen und sie mit ihren Wünschen und Erwartungen erdrücken, *selbst* häufig die größten Grenzüberschreiter, die ihre Finger einfach nicht vom Leben anderer lassen können und sich dauernd in fremde Angelegenheiten einmischen. Hier gilt, was für viele andere Bereiche unseres Lebens gilt: Entwickeln Sie bei sich selbst die Eigenschaften, die Sie von anderen erwarten, und behandeln Sie andere so, wie Sie von ihnen behandelt werden wollen. Dann wird sich manches Problem von selbst erledigen!

Wir haben uns in diesem Kapitel damit beschäftigt, wie wir durch starke Grenzen nach innen und nach außen lebensmutiger werden können, haben also die positiven Eigenschaften von Grenzen betrachtet.

Aber Grenzen können natürlich auch sehr negative Eigenschaften haben. Dann nämlich, wenn sie uns einengen und verhindern, dass wir unser Potenzial voll entfalten. Wir entwickeln uns dann nicht weiter, sondern bleiben hinter dem zurück, was in unserem Leben eigentlich möglich wäre. Und wir bleiben auch hinter dem zurück, was Gott in unserem Leben und durch uns tun möchte. Wir sagen dann: „An dieser Stelle sind mir einfach Grenzen gesetzt", oder: „Da komme ich immer wieder an meine Grenzen", und meinen, dass wir ja *eigentlich* anders wollen, aber aufgrund dieser Grenzen einfach nicht anders *können*. Diese Grenzen scheinen uns gesetzt und unüberwindlich. Aber sind sie das wirklich und immer?

In den nächsten beiden Kapiteln wollen wir uns einige dieser Blockaden anschauen, die viele Menschen in sich tragen und die häufig die Ursache dafür sind, dass wir nicht so lebensmutig sind, wie wir sein könnten!

Vorbei und vergessen – wirklich?

Lebensmutig der eigenen Geschichte begegnen

„Wenn ich mit mir alleine bin, gibt es keine Chance zu flieh'n. Nichts ist mehr da von all dem Schein, von dem, was ich versuche zu sein. Das ist der Moment, in dem ich weiß: Ich selber bin mein größter Feind." So singen die Toten Hosen in ihrem Song „Mein größter Feind".

Dieses Gefühl kenne ich nur allzu gut! Wenn ich ehrlich bin, stelle ich fest, dass es häufig nicht die Umstände oder andere Menschen sind, die mir das Leben schwermachen, sondern dass ich selbst jede Menge schräge Verhaltensmuster, ungute Prägungen, zerstörerische Denkweisen und Verletzungen mitbringe, die mich davon abhalten, mein Leben lebensmutig anzutreten. Diese inneren Abläufe sind es, die mich binnen Sekunden von der toughen Frau, die ich versuche zu sein, in ein Häufchen Elend verwandeln. Plötzlich fühle ich mich nur noch unsicher, minderwertig, voller Selbstzweifel, ängstlich und ... definitiv *nicht* lebensmutig! Dann merke ich beispielsweise, dass ich auf das Reden und Verhalten eines anderen völlig unverhältnismäßig reagiere. Bei Licht betrachtet ist das, was der andere gesagt oder getan hat, gar nicht so schlimm, aber etwas davon bringt in mir auf unerklärliche Weise einen Stein ins Rollen, der mich mit in die Tiefe stürzt, ohne dass ich ihn aufhalten könnte. In solchen oder ähnlichen Situationen liegt der Grund für diesen seelischen Tiefflug fast immer bei mir (und damit in meiner eigenen Geschichte) und nicht bei dem anderen.

Oder ich stelle in der Begegnung mit anderen Menschen fest, dass zwei Personen ganz ähnlich gelagerte Probleme haben, wie etwa Stress mit den Kindern, eine sehr belastende Arbeitssituation, Arbeitslosigkeit, eine chronische Krankheit, den Verlust eines geliebten Menschen durch Trennung oder Tod oder Ähnliches. Aber der eine packt sein Leben (wieder) lebensmutig an, während der andere die Kurve nicht mehr kriegt, sich selbst blockiert und in einem Dauertief hängt. Unter dem Thema „Resilienz“ haben wir schon wesentliche Gründe für diese unterschiedlichen Reaktionsmuster auf das Leben festgehalten. Dabei haben wir festgestellt, dass es sowohl genetische Dispositionen als aber auch Umwelteinflüsse (etwa Lebenserfahrungen) sind, welche die Entwicklung unseres Lebensmuts gefördert oder behindert haben. Somit liegt eine entscheidende Ursache dafür, wie gut oder schlecht wir als Erwachsene mit dem Leben zurechtkommen, in unserer persönlichen Geschichte und den darin liegenden Blockaden.

Ich weiß nicht, was bei Ihnen zum Klingen kommt, wenn Sie auf Ihre Lebensgeschichte zurückblicken. Was für Erinnerungen und Gefühle steigen in Ihnen hoch, wenn Sie beispielsweise an Ihre Ursprungsfamilie, an Eltern und Geschwister denken, an die Kindergarten- oder Schulzeit, an erste Freundschaften usw.? Tatsache ist, dass diese Lebensgeschichte Sie entscheidend geprägt hat und Sie mit zu der Person gemacht hat, die Sie heute sind. Und damit entscheidet Ihre Biographie auch maßgeblich darüber mit, wie lebensmutig Sie heute unterwegs sind.

So manch einer lebt bezüglich seiner Vergangenheit nach dem Motto „vorbei und vergessen“ und merkt dann irgendwann: Das funktioniert nicht! Das, was ich erlebt habe und was mich geprägt hat – und das gilt gerade für die negativen Erlebnisse –, das wirkt bis in die Gegenwart hinein. Wenn ich es nicht bearbeitet und *ver*arbeitet habe, pfuscht es mir bis heute immer wieder dazwischen. Vorbei und vergessen ist nicht – jedenfalls nicht einfach so!

Ähnlich ging es mir in meinem Leben. Meine Mutter war alkohol- und medikamentenabhängig, was dazu führte, dass ich trotz all ihrer Bemühungen, uns eine gute Mutter zu sein, sehr viel Schaden an der Entwicklung meines inneren Menschen genommen habe. Als ich siebzehn Jahre alt war, starb sie an den Folgen ihrer Sucht. Ich war unglaublich froh, dass sich der Druck, die Angst und die Scham, die zuvor permanent über meinem Leben lagen, endlich verzogen hatten und ich jetzt ein normales Leben führen konnte. Ich machte meine Ausbildung zu Ende, heiratete, startete gemeinsam mit meinem Mann beruflich noch einmal in eine ganz neue Richtung durch, wurde selbst Mutter von vier Kindern und dachte ebenfalls: vorbei und vergessen! Aber auch in meinem Leben funktionierte dieses Motto nicht. In der Lebensmitte schlitterte ich in eine Krise, die es in sich hatte und die mit Panikattacken und Depressionen auf sich aufmerksam machte. Die Gründe waren vielfältig, aber die Hauptursache war die, dass schräge Denk- und Verhaltensmuster, die ich mir in einer Suchtfamilie angeeignet hatte, nun, Jahrzehnte später, ihre Früchte trugen. Die fehlende Entwicklung eines gesunden Ichs (ein typisches Kennzeichen für Kinder aus dysfunktionalen Familien) tat ihr Übriges dazu.

Im Rahmen der therapeutischen Arbeit, die nun folgte, war es auch für mich wichtig, noch einmal einen Rückblick in die eigene Geschichte zu tun und zu schauen, welche Zusammenhänge es da gab.

Dieser Rückblick hat nicht das Ziel, andere (z.B. die Eltern oder andere Bezugspersonen, die uns geprägt haben) anzuklagen und dann in einer sich selbst bedauernden Opferhaltung zu verharren. Solch eine „Die-anderen-sind-schuld-dass-ich-bin-wie-ich-bin“-Haltung ist unserem Lebensmut alles andere als zuträglich. Es geht vielmehr darum, das eigene Gewordensein besser zu verstehen und dann einen lebensmutigen Umgang mit uns selbst und all den Dingen, die uns geprägt haben, einzuüben.

Immer dann, wenn Sie gegenwärtig als Erwachsener große Probleme in Ihrem Leben haben, die eindeutig etwas mit Ihnen und Ihren Reaktions- und Verhaltensmustern zu tun haben, dann lohnt sich solch ein Rückblick in die eigene Biographie, um zu schauen, wo denn da der Hund begraben liegt.

Lebensmutige Menschen haben sich mit ihrer Geschichte auseinandergesetzt. Sie sind dankbar für all das Gute, das sie erlebt haben und das ihnen mitgegeben wurde. Weil sie es als Vorrecht und nicht als Selbstverständlichkeit begreifen, in solcher Weise beschenkt zu sein, wuchern sie mit diesen Pfunden und geben auch anderen Menschen Anteil daran. Schicksalsschläge, unschöne Erinnerungen, verletzende Worte, Handlungen anderer Menschen und eigenes Fehlverhalten werden von ihnen nicht verdrängt, sondern bearbeitet und schließlich als zu ihrem Leben dazugehörig integriert. So verschließen sie undichte Stellen in ihrer Seele, durch die andernfalls permanent Lebensmut entweichen würde. Auf diese Weise verhindern sie auch, dass Altes, Unverarbeitetes sie weiterhin blockiert und einen angemessenen Umgang mit Herausforderungen des Lebens und anderen Menschen unmöglich macht. Lebensmutige Menschen sind mit sich selbst und ihrer Geschichte ausgesöhnt!

Bei solch einer Bearbeitung unserer Biographie stoßen wir, je nach Geschichte, auf ganz unterschiedliche Themen, aber erfahrungsgemäß lassen sich Schwierigkeiten, die wir hier und heute haben, im Wesentlichen drei Themenbereichen zuordnen:

Der eine Bereich sind ungute Prägungen, die uns mitgegeben wurden und die ein verzerrtes Denken nach sich ziehen.

Ein weiterer Bereich sind Verletzungen, die das Leben oder andere Menschen uns zugefügt haben.

Ein dritter Bereich ist Schuld, die wir auf uns geladen haben und die uns immer noch zusetzt.

In einem oder mehreren dieser Bereiche ist in unserer Biographie vielleicht etwas schiefgelaufen. Das führt dazu, dass wir, wenn hier keine Befreiung, Heilung oder Veränderung stattfindet, kaum lebensmutiger werden *können.*

Deswegen schauen wir uns nun die genannten Themenbereiche etwas genauer an.

Ungute Prägungen erkennen und verändern

Wovon ist die Rede, wenn wir von unguten Prägungen sprechen? Gemeint sind Sätze, die über unserem Leben ausgesprochen wurden und auf die wir uns festgelegt haben.

So ist das!

So bin ich!

So ist das Leben!

Deswegen sprechen manche an dieser Stelle auch von Festlegungen. Es handelt sich dabei um vermeintliche Wahrheiten über das Leben, über andere Menschen oder über uns selbst. Wahrheiten, die uns mitgegeben wurden bzw. die wir uns selbst durch Erfahrungen eingeprägt haben.

Beispiele für ungute Prägungen
Sie waren vielleicht eines von mehreren Kindern in einer Familie, in der alle ungeheuer patent und geschickt waren. Nur Sie waren – im Vergleich mit den anderen – lange nicht so durchorganisiert oder strukturiert und in praktischen Dingen auch eher etwas ungeschickt und schusselig. Mehr als einmal bekamen Sie dann zu hören: „Lass mich mal machen, du hast ja zwei linke Hände!" Das hat sich Ihnen tief eingeprägt, Sie auf diese vermeintliche Schwäche festgelegt, sodass Sie bis heute der Überzeugung sind: „Ich bin ungeschickt und habe zwei linke Hände." Oder: „Ich bin ein Schussel!" Ob diese Aussagen wirklich der Wahrheit entsprechen, haben Sie nie überprüft.

Sie wurden in Ihrer Kindheit aufgrund Ihrer Herkunft oder Ihres Aussehens oft von anderen Kindern oder Teenies gehänselt und geärgert (heute würde man sagen: „gemobbt"). Diese Erlebnisse haben sich Ihnen tief eingeprägt. Aus diesen Erfahrungen haben Sie Ihre Schlüsse gezogen und sich Ihre Wahrheit über sich selbst gebastelt, die da lautet: „Ich bin nicht liebenswert, und keiner mag mich."

„Schaffe, schaffe, Häusle baue!", das war die Devise in Ihrem familiären Umfeld. Fleißig sein, immer etwas tun und ja nicht auf der faulen Haut herumliegen! Letzteres galt als einer der größten Frevel überhaupt. Gelebt wurde nach dem Motto: „Nur, wer etwas leistet, ist auch etwas wert!" Diese Denkweise hat sich in Ihnen eingeprägt, und Sie arbeiten auch heute bis zum Umfallen, überschreiten oft Ihre Grenzen und haben ein schlechtes Gewissen, wenn Sie sich ausruhen.

In der Familie oder im Freundeskreis haben Sie sich in einem vertraulichen Gespräch geöffnet, etwas sehr Persönliches erzählt und Ihre Gefühle offenbart. Bei nächster Gelegenheit wurde das, was Sie erzählt haben, in aller Öffentlichkeit breitgetreten. Dieses beschämende Erlebnis hat sich Ihnen tief eingeprägt, und Sie haben entschieden, sich niemals mehr zu öffnen und dadurch verletzlich zu machen. Bis heute leben Sie mit dem inneren Satz: „Man kann niemandem vertrauen!"

Andere prägende Sätze bzw. Festlegungen könnten sein: „Nur, wenn etwas perfekt ist, ist es auch gut und verdient Lob!", „Alle müssen mich mögen!", „Konflikte sind etwas ganz Schlimmes und müssen um jeden Preis vermieden werden!", „Ich darf keine Fehler machen!", „Schwäche zeigen ist etwas für Loser!" usw.

Irgendwann im Laufe unseres Lebens merken wir, dass diese vermeintlichen Wahrheiten ganz tief sitzen und bis in unser Erwachsenenleben hinein unser Denken, Fühlen und Handeln bestimmen. Das merken wir vor allem dann, wenn wir diese alten Prägungen loswerden wollen, weil sie uns behindern. Dann entdecken wir: So einfach kommen wir aus der Nummer nicht raus! Diese unguten Prägungen halten uns in bestimmten Denk- und Reaktionsmustern fest und gestatten uns keine alternative Sichtweise. Was kann uns da helfen?

Ungute Prägungen bewusstmachen
Machen Sie sich Ihre Prägung überhaupt erst einmal bewusst! Viele dieser prägenden Sätze stammen – egal, ob sie uns so gesagt wurden oder wir sie uns selbst angeeignet haben – aus unserer Kindheit bzw. frühen Jugend. Weil diese Lebensphase nun schon einige Zeit zurückliegt, liegen auch diese Prägungen in unserem Innern nicht mehr obenauf, sondern sind in unser

Unterbewusstsein gerutscht. Dort treiben sie ihr Unwesen, und von dort aus steuern sie uns. Deswegen ist es so wichtig, dass wir sie von dort hochholen und ihnen noch einmal Wort oder Stimme verleihen. Z.B. indem wir sie laut aussprechen oder aufschreiben. Erst dann haben wir die Chance, sie zu korrigieren.

Heißt: Wenn Sie an irgendeiner Stelle Ihres Lebens sehr blockiert sind und merken, dass Sie nicht können, wie Sie eigentlich wollen, dann überprüfen Sie einmal, ob da nicht solch eine ungute Prägung dahintersteckt.

Ein prägender Satz in meinem Leben war z.B.: „Andere Menschen sind wichtiger als ich!" Dieser Satz lief bei mir unterschwellig immer mit und sorgte dafür, dass ich pausenlos für andere da war. Ich versuchte, jedermanns Bedürfnisse zu befriedigen, stellte mich dabei selbst permanent zurück und war unfähig, mich auch einmal um mich und mein eigenes Wohlergehen zu kümmern. Diesem Satz kam ich auf die Schliche, weil ich in meinem „Für-andere-da-Sein" immer mehr ausblutete, bitter wurde und zunehmend in eine Opferhaltung hineinrutschte. Warum es mir so schwerfiel, meiner Opferbereitschaft Grenzen zu setzen, entdeckte ich erst, als ich den dahinterliegenden Satz „Andere Menschen sind wichtiger als ich!" entdeckte. Wenn solch ein Satz die Maxime eines Lebens ist, dann ist fehlende Selbstfürsorge die logische Konsequenz! Diesen Satz schwarz auf weiß vor mir zu sehen hat mir bei dieser Erkenntnis ungeheuer geholfen.

Ungute Prägungen hinterfragen

Hinterfragen Sie diesen prägenden Satz, den Sie nun aufgespürt haben! So manch einer muss sich dafür erst einmal die Erlaubnis geben. Das hat etwas damit zu tun, dass diese Sätze meistens aus unserer Kindheit bzw. Jugend stammen. Sie wurden in der Regel von Autoritäten (Eltern, Erziehern, erwachsenen Verwandten, Lehrern, Trainern usw.) in unser Leben hineingesprochen. Wir waren damals unmündige Kinder und haben diesen Autoritäten uneingeschränkt geglaubt, nach dem Motto: „Wenn ein Erwachsener das sagt, muss es ja stimmen!“ Für uns war es undenkbar, solchen Autoritäten zu widersprechen, und sei es nur innerlich. Dieses kindlich-unterwürfige Verhalten haben wir diesen prägenden Sätzen gegenüber möglicherweise bis heute beibehalten. Für mich war es an dieser Stelle ganz wichtig, aus der Kind-Rolle herauszutreten und zu begreifen, dass ich heute eine erwachsene Frau bin. Als solche darf ich eigene, zu mir passende Grundüberzeugungen vertreten und mich von unguten Prägungen, die diesen Grundüberzeugungen widersprechen, verabschieden. Weil ich nun erwachsen bin, habe ich das Zeug dazu, gegen Autoritäten (und seien sie nur mental vorhanden) aufzustehen und „Nein, nicht mit mir!“ oder „Nein, das stimmt so nicht!“ zu sagen. Habe ich mir selbst diese Erlaubnis erteilt, kann ich nun darangehen, solche unguten Prägungen zu hinterfragen. Jetzt erweist es sich als besonders hilfreich, wenn wir diese Sätze aufgeschrieben haben.

Was ist z. B. dran an dem Satz: „Nur, wer etwas leistet, ist etwas wert!“? Stimmt das? Unterstreicht dieser Satz auch heute noch Ihre Grundüberzeugung? Würden Sie diesen Satz einer kranken Freundin, Ihrer alten Nachbarin oder einem völlig erschöpften Mitarbeiter sagen? Nein? Und warum lassen Sie dann zu, dass dieser falsche Satz Sie immer noch antreibt?

Oder wie war das mit „meinem“ Satz: „Andere Menschen sind wichtiger als ich!“? Glaubte ich das wirklich noch? Würde ich diese Herabsetzung der eigenen Person anderen Menschen (z.B. Freundinnen oder meinen Kindern) als gute und gesunde Lebenseinstellung weitergeben wollen? Es brauchte keine

Sekunde, um zu entscheiden: nein, auf gar keinen Fall! Denn dieser Satz stimmt so nicht und ist viel zu einseitig formuliert. Warum also ließ ich zu, dass ich mich selbst durch diese alte, ungute Prägung immer noch torpedierte? Ich entschied, endlich erwachsen zu werden!

Eine neue Prägung entstehen lassen
Kreieren Sie einen neuen Satz, der Ihrer Überzeugung entspricht und von dem Sie sich in Zukunft prägen lassen wollen. Auch diesen Satz schreiben Sie sich am besten auf! Dieser Satz kann eine Korrektur der alten Version (viele Aussagen sind ja nicht *nur* falsch, sondern enthalten auch ein Körnchen Wahrheit) oder ein ganz neuer Entwurf sein.

„Meinen" Satz änderte ich in: „Andere Menschen und ihre Bedürfnisse sind mir wichtig! Aber ich bin mit meinen Bedürfnissen genauso wichtig. Beides steht gleichwertig nebeneinander. Und deswegen ist es notwendig, in Ausgewogenheit eigene und fremde Bedürfnisse zu erfüllen." An dieser Stelle kann es auch durchaus sehr hilfreich sein, ein Bibelwort zu nehmen und es einer unguten Prägung entgegenzustellen. Diese Worte haben besondere Kraft, denn es sind Gottes Worte. So hat eine Bekannte von mir, deren Grundüberzeugung es war, dick und unansehnlich zu sein, einen Satz aus Psalm 139 ausgewählt, den sie sich aufschrieb, damit er sie in Zukunft prägen konnte: „Ich danke dir, dass du mich so wunderbar gestaltet hast. Ich weiß: Staunenswert sind deine Werke" (Vers 14).

Schreiben Sie sich Ihre neuen Sätze, die Sie in Zukunft prägen sollen, auf eine schöne Karte, und hängen Sie diese gut sichtbar auf. Das Neue beständig vor Augen zu haben hilft, das Alte abzulegen!

Neue Prägungen vertiefen

Bleiben Sie dran! Das ist der schwerste Teil des ganzen Veränderungsprozesses. Denn die alten, unguten Prägungen sind wie Spurrillen tief in unsere Gehirnwindungen eingegraben. Auf diesen breiten, tiefen Spurrillen denkt es automatisch in uns. Sind Sie schon einmal mit dem Auto auf einem ungeteerten Wald- oder Feldweg in solch eine Spurrille geraten? Dann wissen Sie, wie schwer es ist, diese Spur zu verlassen! Solche Spurrillen gibt es auch in Ihrem Gehirn, und Sie brauchen jetzt ganz viel Ausdauer, um neue Wege zu bahnen. Das geht nicht von jetzt auf gleich! Wundern Sie sich also nicht, wenn sich der alte Satz in Ihnen immer wieder zu Wort meldet und Sie in Ihre alte Rille zurückzwingen will. Das ist normal und kein Grund zur Resignation. Jetzt geht es darum, beharrlich dranzubleiben.

Bei allem Veränderungswillen sollten Sie aber dennoch vermeiden, gegen das Alte verbissen anzukämpfen. Diese alten Prägungen haben Ihr Leben lang zu Ihnen gehört und sind damit ein Teil von Ihnen. Das gilt es zu akzeptieren und anzunehmen. Jedes „Das darf nicht mehr sein" oder „Das muss jetzt unbedingt anders werden" ist in der Regel eher kontraproduktiv. Gehen Sie behutsam mit sich um, begegnen Sie sich und Ihren Prägungen mit Akzeptanz und Verständnis, und fangen Sie an, diese inneren Sätze liebevoll, aber bestimmt zu verändern. Das können Sie ganz entspannt, aber dennoch mit Ausdauer tun. Aristoteles hat einmal gesagt: *„Wir sind, was wir wiederholt tun. Außerordentlich zu sein ist daher kein einmaliger Akt, sondern eine Gewohnheit."* Und ich würde hinzufügen: Wir sind auch das, was wir wiederholt denken – so lange, bis der neue Gedanke in uns zur Gewohnheit geworden und damit eine neue Spur entstanden ist!

Verletzungen heilen lassen

Ein weiterer Themenbereich in unserer Biographie, dem sich viele Schwierigkeiten zuordnen lassen, sind (alte) Verletzungen. Das meint Wunden, die andere Menschen uns im Laufe unseres Lebens zugefügt haben, weil sie uns im Stich ließen, weil sie uns Unrecht getan, beschämt, enttäuscht oder angegriffen haben, weil sie hinterhältig, lieblos oder verleumderisch waren. Weil sie uns nicht ausreichend wertgeschätzt, respektiert oder in unserer Identität geachtet haben. Dieser Punkt umfasst aber auch Schicksalsschläge, durch die das Leben selbst uns verwundet hat. Manches davon heilt im Laufe der Zeit von allein. Manche Wunden sind aber auch so tief oder unversorgt, dass sie nie wirklich heilen konnten. Ganz ähnlich wie ungute Prägungen steuern uns auch solche unverheilten und unverarbeiteten Verletzungen unbewusst und können uns bis heute das Leben schwermachen.

Auswirkung unverheilter Verletzungen
Wie das aussehen kann, kennen wir aus dem körperlichen Bereich. Wenn Sie beispielsweise beim Fahrradfahren gestürzt sind und sich verletzt haben, dann bereitet Ihnen die entstandene Wunde in der Regel noch recht lange Schmerzen. Auf diesen Schmerz reagieren Sie nun in irgendeiner Form. Weil Sie an dieser Stelle sehr empfindlich sind, nehmen Sie vermutlich eine Schonhaltung ein, um diese Stelle ja nicht zu berühren. Verharren Sie über einen längeren Zeitraum in solch einer Schonhaltung, führt das häufig wieder zu anderen Fehlhaltungen, die Ihnen Probleme bereiten können. Da andere Menschen von Ihrer Wunde nichts wissen (es sei denn, Sie haben davon

erzählt), machen sich diese Menschen natürlich keine Gedanken über Ihre Verletzung und nehmen auch keine Rücksicht darauf. Warum auch? Sie haben ja keinen blassen Schimmer! Kann also sein, dass jemand Sie kräftig in den Arm nimmt, Ihnen freundschaftlich auf die Schulter klopft oder liebevoll Ihre Hand drückt. Statt sich zu freuen (sprich: angemessen zu reagieren), jaulen Sie laut auf, fahren den anderen an oder zucken zurück und bemühen sich, den größtmöglichen Abstand zwischen sich und den anderen zu bringen. Und der andere? Der ist völlig perplex und denkt: „Was ist das denn für ein komischer Vogel?!" Er reagiert nun seinerseits auf Ihr eigenartiges Verhalten, indem er sich beispielsweise von Ihnen zurückzieht.

Eine andere Möglichkeit, mit dem Schmerz fertig zu werden, ist der Versuch, ihn zu betäuben. Das hilft zwar im Moment, aber da nur die Symptome, nicht die Wunde an sich behandelt wurden, wird sich der Schmerz bald wieder melden. Möglicherweise wird die Situation durch die Betäubung noch verschlimmert, weil Sie nun sehr unachtsam mit sich und der Verletzung umgehen. Sie spüren sie ja nicht mehr!

Fazit: Ihr ganzes Verhalten und Reagieren (und darüber hinaus sogar noch das anderer Menschen, die mit Ihnen zu tun haben) wird von dieser Verletzung und dem Schmerz, der von ihr ausgeht, gesteuert.

Und genau *so* ist es auch im seelischen Bereich! Wenn Sie hier eine unverheilte Verletzung mit sich herumtragen – und diese kann durchaus sehr alt sein –, dann werden Sie, wie fremdgesteuert, immer darauf reagieren. Und ähnlich, wie wir das anhand des körperlichen Beispiels gesehen haben, wird Ihr Verhältnis zu anderen Menschen ebenfalls beeinträchtigt. Wie viele Konflikte entstehen im Miteinander, weil der andere durch sein Sosein eine Wunde in uns antriggert! Wir ziehen uns dann zurück oder kämpfen bis aufs Blut gegen diese Person. Eigentlich meinen wir aber gar nicht *sie*, sondern einen Menschen aus unserer Biographie, der uns verletzt hat. Oder wir versuchen, einen Konflikt auf der Sachebene zu lösen, und wundern uns, dass es hier zu keiner Einigung oder Lösung kommt. Wie auch – das Problem liegt ganz woanders und vor allem viel tiefer!

Verletzungen erkennen

Und damit ist auch schon erklärt, wie sich alte Verletzungen bemerkbar machen bzw. wie wir solche alten Wunden aufspüren können. Denn das muss ja zunächst einmal geschehen, damit hier Heilung passieren kann.

Für mich persönlich sind es in erster Linie unerklärliche Überreaktionen, die mich auf solche Verletzungen in mir hinweisen. Ich reagiere auf das, was ein anderer sagt oder tut, unangemessen wütend, verärgert, persönlich betroffen, ängstlich, frustriert usw. Dass ich unangemessen reagiere, muss mir in der Regel noch nicht einmal gesagt werden – das weiß ich selbst am besten und kann gar nicht so recht verstehen, warum meine Seele dermaßen „aus dem Hemd springt"!

Ein weiterer Hinweis, dass Altes, Unverheiltes in mir schlummert, sind verletzende Lebenssituationen, Worte oder Taten anderer Menschen, die sich immer wieder in mein Bewusstsein drängen. Ich kann einfach nicht vergessen, was damals geschehen oder was bestimmte Menschen gesagt und getan haben! Wieder und wieder drängt sich dieses Ereignis in meine Gehirnwindungen und wird dort, gleich einem inneren Kinofilm, nochmal und nochmal abgespielt. Die Betäubung durch Ablenkung oder Verdrängung funktioniert nur kurzfristig. Irgendwann meldet sich der Schmerz garantiert wieder.

Ein weiterer Hinweis auf (noch) bestehende Verletzungen ist

meine Unfähigkeit, einem bestimmten Menschen frei, offen und emotional unbefangen zu begegnen. Wenn ich dieser Person begegne, zieht sich alles in mir zusammen, oder ich habe direkt „so'n Hals". Mag sein, dass exakt diese Person mir irgendwann einmal sehr wehgetan hat. Es kann aber auch sein, dass ich bei genauerem Hinsehen feststelle, dass diese Person nur die Züge eines Menschen aus meiner Vergangenheit trägt, der mir früher sehr zugesetzt hat. Das, was ich mit dieser Person erlebt habe, projiziere ich nun auf mein Gegenüber.

Was können wir jetzt tun, um hier Heilung und Befreiung zu erfahren?

Heilung wirklich wollen

Dieser Satz scheint auf den ersten Blick überflüssig zu sein. Wer will denn schon, dass Verletzungen nicht heilen und Wunden weiterhin schmerzen? So dumm kann doch niemand sein! Aber dieses „Ich-will-eigentlich-gar-nicht-heil-Werden" kommt durchaus öfter vor. Warum? Weil wir im Festhalten von Schmerz und Verletzungen manchmal einen Gewinn sehen, der uns größer erscheint als der Vorteil, den uns innere Heilung und Gesundung bringen würden. Und das macht es so schwer, „Ja, ich will gesund werden!" zu sagen.

Ein ganz banaler Grund für die Unfähigkeit loszulassen liegt in der Gewohnheit. Von allem, was uns bekannt ist und woran wir gewöhnt sind, wollen wir uns nur schwer verabschieden. Sei es auch noch so schmerzhaft und schädlich – es ist uns wenigstens vertraut. Dieses Vertraute hat, ähnlich wie ein Zuhause, eine enorme Anziehungskraft. Dahin wollen wir immer wieder zurück!

Ein weiterer Grund, an unserem Schmerz festzuhalten, liegt möglicherweise in dem Wunsch, den anderen für das, was er gesagt oder getan hat, zu bestrafen. Nach dem Motto: „Soll der andere ruhig mal merken, was das mit mir gemacht hat und wie dreckig es mir jetzt geht!" An Vorwürfen und Rachegedanken festzuhalten, den anderen immer wieder an sein Fehlverhalten zu erinnern und ihn nicht aus dieser Schuld zu entlassen gibt uns eine gewisse Genugtuung und Befriedigung.

Wir ahnen, dass wir auf diesen vermeintlichen Gewinn verzichten müssten, wenn wir uns auf einen Weg der Heilung begeben möchten.

So manch einer meint aber auch, er müsse sich selbst bestrafen („Wenn ich nicht so ein schlechter Mensch wäre, hätte Vater/Mutter/Partner etc. sich mir gegenüber nicht so lieblos verhalten. Ihr Verhalten war allein meine Schuld, und dafür muss ich bestraft werden bzw. mich selbst bestrafen"). Da ich selbst in einer dysfunktionalen Familie aufgewachsen bin, weiß ich um diese schräge Einordnung gerade bei Kindern. Kinder geben in der Regel sich selbst die Schuld an dem, was ihnen widerfährt. Damit bekommt das Unfassbare eine Erklärung, lässt sich einordnen und wird somit erträglicher – und sei es auf Kosten der eigenen Person. Aber wer schuldig ist, dem steht das Glück einer Heilung natürlich nicht zu, sondern der muss bestraft werden. Im tiefsten Innern widerstrebt uns deswegen unsere Heilung, denn ... wir haben sie nicht verdient!

Aber auch manche Erwachsene greifen, etwa bei einem Schicksalsschlag, nach dem Erklärungsmodell „Ich bin schuld!". Etwa nach dem plötzlichen Verlust eines Kindes oder des Partners. Dann klagen sie sich an mit: „Wenn ich da gewesen wäre ... / Ich hätte etwas merken müssen ... / Ich hätte es verhindern können ..." Sie *wollen* dann für ihr vermeintliches Versagen büßen und deswegen den Schmerz, der in ihr Leben hereingebrochen ist, auch gar nicht loswerden. Loslassen und wieder glücklich werden? Das wäre ein unerhörter Frevel!

Ein weiterer Grund, uns einer inneren Heilung zu verweigern, kann darin liegen, dass wir uns generell in unserer Opferhaltung gefallen und uns auch gut darin eingerichtet haben. Aufmerksamkeit, Zuwendung und jede nur erdenkliche Hilfe unserer Mitmenschen sind uns auf diesem Weg gesichert. Das ist ein enormer Gewinn, der einer Heilung und einem eigenverantwortlichen Leben sehr häufig entgegensteht!

Erst wenn wir diese Mechanismen durchschauen, bereit sind, loszulassen und auf unseren Gewinn zu verzichten (was häufig ein längerer Prozess ist), können wir uns auf den Weg machen zu einem viel größeren Gewinn: unserer inneren Heilung!

Schonhaltung aufgeben

Geben Sie Ihre Schonhaltung auf! Das ist zugegebenermaßen sehr schwer.

Lange Zeit haben wir unsere Wunde geschont, mit dem Ziel, den Schmerz, der von ihr ausgeht, eben gerade *nicht* zu fühlen. Und jetzt sollen wir da drangehen und uns diese Situation noch einmal anschauen?

Ja, das wird wahrscheinlich nötig sein! Hören Sie auf, den Schmerz in sich zu verdrängen, schönzureden oder herunterzuspielen. So werden Sie ihn nicht los. Das gelingt nur, wenn Sie ihn anschauen und sich ihm stellen. Wenn Sie ein Ereignis, das Reden oder Verhalten eines anderen Menschen sehr verletzt hat, dann ist das erst einmal so. Ja, das hat mir wehgetan!

Da gibt es nichts zu bagatellisieren – auch im Nachhinein nicht. Das gilt auch und gerade für Erlebnisse in unserer Kindheit. Natürlich können wir heute, als Erwachsene, manches, was damals vorgefallen ist, besser einordnen und sogar verstehen.

Dennoch: Das Kind von damals ist verwundet worden. Und dieses Kind und seinen Schmerz gilt es ernst zu nehmen. Das Kind in uns braucht jetzt keine Erklärungen, sondern Trost! Mir hat es sehr geholfen, mir diesen Vorgang bildlich vorzustellen: Ich nahm dieses kleine, verletzte und verängstigte Mädchen in mir in die Arme, zog es auf meinen Schoß, habe es hin- und hergewiegt und weinen lassen. Es war doch mein kleines Mädchen! Und ich wollte und konnte ihm heute ein anderer Erwachsener sein als die Erwachsenen meiner Kindheit. Das war ein sehr heilsamer Prozess!

Sprechen Sie das, was Ihnen so viel Not gemacht hat, vor einem anderen, vertrauensvollen Menschen aus! Das kann eine gute Freundin, der Partner, ein Seelsorger oder ein Therapeut sein – also Menschen, von denen Sie wissen, dass sie mit Ihrer Geschichte umgehen können und diese vertraulich behandeln. Bestenfalls kann diese Person auch mit Ihnen beten und Gottes heilende Kraft in Ihr Leben hineinbitten. Denn Gott kann selbst in die tiefsten Schichten unserer Persönlichkeit hineinkommen und heilen, was dort verletzt und zerstört wurde. Oft verliert der Schmerz schon an Intensität, wenn über das zugrunde liegende Erlebnis endlich gesprochen wird.

Das gilt besonders für Ereignisse, die sehr schambehaftet sind. Gerade hier können wir Befreiung erfahren, wenn das im Dunkel Liegende endlich ans Licht kommt. Denn jetzt sind wir emotional nicht mehr erpressbar. Wir waren immer überzeugt, dass etwas ganz Schlimmes passieren würde, wenn wir auspacken. Wir glaubten, dass Scham und Schmerz nicht auszuhalten seien. Nun haben wir uns überwunden und begonnen, uns mitzuteilen. Überraschenderweise dreht die Welt sich weiter, und der Schmerz ist durchaus erträglich. Natürlich tut es weh! Noch immer! Aber wir haben auch die Kraft, durch den Schmerz hindurchzugehen und ihn damit hinter uns zu lassen. Wir erfahren: Wir sind viel stärker, als wir dachten!

Vergebung einüben

Werden Sie ein Vergebender! Fast immer haben innere Verletzungen damit zu tun, dass andere an uns schuldig geworden sind. Ein Heilmittel, ich würde sogar sagen, das einzige Heilmittel an dieser Stelle, ist Vergebung.

Wenn Sie sich auf Dauer weigern zu vergeben und stattdessen an Schmerz, Wut, Zorn und Bitterkeit festhalten, dann schaden Sie damit sich selbst am meisten. Buddha hat den klugen Satz geprägt: *„An Ärger festzuhalten ist, wie Gift zu trinken und zu erwarten, dass der andere dadurch stirbt."* Absolut verrückt und unsinnig ist das – aber genau so ticken wir manchmal! Der subtile Wunsch, den anderen durch Ihre schlechten Gefühle zu strafen („Soll der ruhig mal merken, was das mit mir gemacht hat und wie dreckig es mir jetzt geht!"), ist eine Rechnung, die nicht aufgeht! Es sind ja Ihre Gefühle, die Sie durchleiden – der andere bleibt in der Regel davon gänzlich unberührt. Er lässt es sich gutgehen, während Sie, wenn Sie Ihren Groll nicht loslassen, Ihr Leben gegen die Wand fahren.

Heißt: Wenn Sie schon nicht bereit sind, um des anderen willen zu vergeben, dann tun Sie es wenigstens für sich selbst. Denn Vergebung ist wie eine Schere, mit der Sie die ungute Bindung durchtrennen, die an den anderen oder durch ein verletzendes Ereignis entstanden ist. Vergebung setzt Sie frei, wieder Ihr eigenes Leben zu führen. Ein Leben mit guten, lebensförderlichen und heilsamen Gefühlen.

Was im Umgang mit Menschen gilt, muss manch einer auch Gott gegenüber praktizieren. Wenn das Leben selbst uns verwundet hat, gibt es keine Menschen, die wir anklagen können. Um irgendein Erklärungsmodell für das Unfassbare zu haben und dadurch besser mit der Situation zurechtzukommen, wendet sich dann manch einer gegen Gott.

Ich begegne immer wieder Menschen, die Gott gegenüber voller Zorn, Wut und Bitterkeit sind, weil er Ihnen einen schweren Schicksalsschlag nicht erspart hat. Das ist in einer ersten Phase nach einem erlittenen Unglück eine ganz normale Reaktion und auch absolut verständlich. Mehr noch: Bei Gott darf diese Reaktion sein, denn er hält uns auch mit der ganzen Wucht unserer Gefühle aus.

Wenn wir aber in dieser Phase steckenbleiben und in unserer Anklage verharren, werden wir bitter und zerstören unser eigenes Leben. Gott zu vergeben heißt: Ich gebe meine Anklage gegen ihn auf, verwandle sie in Klage und nehme auch das Schwere und Unverständliche in meinem Leben an. Das braucht Zeit. Aber ist es nicht so, dass es sich viel leichter leben lässt, wenn wir annehmen und Ja sagen, als wenn wir uns erbittert gegen etwas wehren, das wir sowieso nicht ändern oder rückgängig machen können?

Diese Vergebung gegenüber Menschen und Gott auszusprechen ist manchmal ein einmaliger Akt, weitaus häufiger aber ein längerer Prozess. Das hat wieder etwas mit den „Spurrillen" in unserem Kopf zu tun. Unsere Gedanken und Gefühle sind monate- oder gar jahrelang in einer bestimmten Bahn gelaufen. Auch der Weg der Vergebung muss nun erst einmal gebahnt werden. So lange, bis wir aus ganzem Herzen sagen können: „Ich bin ein Vergebender!"

Diese Schritte muss ich selbst immer wieder gehen, wenn ich auf alte Wunden stoße oder hier und heute verletzt werde.

Manchmal geht das Ganze recht zügig, manchmal hänge ich an dem einen oder anderen Punkt etwas länger fest. Aber ich habe das Ziel „Loslassen und Heilung erfahren" inzwischen fest im Blick.

Denn heute bin ich der Überzeugung: Der Gewinn, als Befreite zu leben, ist um ein Vielfaches größer als der Gewinn, den ich durch meine Opferrolle, meine Selbstbestrafung oder meinen Wunsch, andere büßen zu lassen, bekomme. Dahin will ich nie wieder zurück!

Schuld bekennen

Ein weiterer Themenbereich, dem sich viele gegenwärtige Blockaden zuordnen lassen, ist Schuld, die wir auf uns geladen haben. Gemeint sind Situationen in unserem Leben, die wir selbst vermurkst haben, in denen wir Entscheidungen getroffen haben, die nicht gut waren oder in denen *wir* andere verletzt und ihnen geschadet haben. Viele dieser Situationen sind unwiederbringlich vorbei, und die Folgen sind auch nicht wieder gutzumachen. Das kann uns unser Leben lang schwer zu schaffen machen. Möglicherweise ist es uns noch nicht einmal bewusst, aber wir haben immer den Eindruck, wir müssten etwas verstecken und verheimlichen. Denn unser innerer Ankläger sagt: „Wenn andere wüssten, wer du *wirklich* bist, was du getan und zu was du imstande bist, würden sie wohl kaum noch etwas mit dir zu tun haben wollen." Die Scham legt sich wie Mehltau auf unser Leben und schwächt unseren Lebensmut. Da hilft es auch nicht, dass Schuld heute vielfach relativiert wird und der entsprechende religiöse Begriff „Sünde“ komplett aus unserem Wortschatz gestrichen wurde. Wer von Schuld und Schuldgefühlen geplagt wird – und sei es nur unbewusst –, dem helfen Verharmlosung oder Verdrängung nicht weiter!

Wir wurden von Gott mit einem Gewissen ausgestattet, das, zumindest, wenn wir es zulassen, sehr empfindsam reagiert und ausschlägt, wenn wir uns nicht in dem bewegen, was Gott uns als Menschen eigentlich zugedacht hat. Natürlich können wir dieses Gewissen beiseiteschieben, umprägen, umerziehen und vielleicht sogar mit Gewalt ganz zum Schweigen bringen. Innerlich abgestumpft passen wir uns dann der Meinungsmache anderer an, folgen Trends und dem, was „man“ denkt und macht. Unser inneres Radarsystem, das uns auf Störungen aufmerksam machen soll, wurde von uns manipuliert oder sogar zerstört. Wie anfällig wir dann für Verführung und ungute Beeinflussung sind, zeigt unsere deutsche Geschichte.

Wer lebensmutig werden will, der muss sein Radarsystem wieder funktionstüchtig machen. Das heißt zunächst, dass wir Verantwortung für unser Handeln übernehmen, uns zu unserer Schuld stellen und sagen: „Ja, so bin ich!“, „Ja, das habe ich getan!“. Und dazu gehört tatsächlich sehr viel Mut! Es ist aber der einzige Weg, dem inneren Ankläger den Wind aus den Segeln zu nehmen, von Schuldgefühlen frei zu werden und wieder stark und selbstbewusst durchs Leben zu gehen.

Es gibt einen wirklich grandiosen Weg, der uns hilft, mit unserer Schuld umzugehen, mehr noch, an dieser Stelle nachhaltig Befreiung zu erfahren, um dann lebensmutig in unser Leben durchzustarten. Auch auf diesen Weg nehme ich Sie gerne Schritt für Schritt mit.

Das Gewissen wieder erwecken
Helfen Sie ihrem Gewissen wieder auf die Sprünge! Gott hat uns geschaffen und weiß, was zu uns Menschen im Allgemeinen, aber auch zu uns ganz persönlich, am besten passt. Er weiß am besten, wie leben geht. Er weiß, was uns guttut, was uns stärker und lebensmutiger, freier, fröhlicher und glücklicher macht. Er weiß aber auch, was uns schadet, zerstört und blockiert. *Er* ist das Maß der Dinge, denn er steht über aller menschlichen Meinungsmache, die sich je nach Generation, Kultur und entsprechender Prägung wie das Fähnchen im Wind dreht. Wenn wir im Kontakt mit ihm stehen, dann wird unser Gewissen wieder zunehmend funktionstüchtig, richtig eingestellt und orientiert sich ganz automatisch – wie eine Magnetnadel – an ihm und seinen Vorgaben. Wenn Sie sich jetzt fragen, wie Sie denn mit diesem Gott in Kontakt treten können, um seine Gedanken kennenzulernen, dann lesen Sie folgenden Satz aus der Bibel: *„Wenn ihr mich sucht, werdet ihr mich finden; ja, wenn ihr ernsthaft, mit ganzem Herzen, nach mir verlangt, werde ich mich von euch finden lassen, spricht der Herr“* (Jeremia 29, Vers 13). Oder das, was Jesus in der Bergpredigt sagt: *„Bittet, und ihr werdet erhalten. Sucht, und ihr werdet finden. Klopft an, und die Tür wird euch geöffnet werden. Denn wer bittet, wird erhalten. Wer sucht, der wird finden. Und die Tür wird jedem geöffnet, der anklopft“* (Matthäus 7, Verse 7- 8). Fangen Sie an, in der Bibel zu lesen, um mehr über Gott zu erfahren. Beginnen Sie, mit ihm zu reden und ihn zu bitten, auch zu antworten. Fangen Sie an, ihn zu suchen und an seiner Tür, die jetzt noch für Sie verschlossen erscheint, anzuklopfen. Und, so ist die Zusage, Sie werden finden, und Ihnen wird geöffnet werden. Lassen Sie sich überraschen!

Die Wahrheit erkennen und bekennen
Stellen Sie sich der Wahrheit über sich! Irgendetwas wird nun in Ihrem Leben geschehen, denn Sie haben Gott eingeladen, in Ihr Leben zu treten. Das wird er tun! Was nun weiter geschieht und wie es geschieht, unterscheidet sich von Mensch zu Mensch. Aber was durchgängig bei allen Menschen einsetzt, die nicht nur irgendein spirituelles Erlebnis haben wollen, sondern den Gott suchen, von dem uns die Bibel erzählt, ist die Erkenntnis, dass wir nicht einfach so bei Gott hereinspazieren und sagen können: „Hallo, Gott, hier bin ich, und ich will fortan mit dir zusammen leben."

Auf einmal wird nämlich deutlich: Gott ist Gott, und wir sind nur Menschen. Gott ist großartig, heilig, wunderbar, wunderschön und vollkommen. Wir aber ... sind es nicht. Neulich las ich, dass die Sonne in ihrem Innern unvorstellbare 15 Millionen Grad Celsius misst und an ihrer Oberfläche 6000 Grad Celsius. Die Sonden Helios 1 und Helios 2 schafften es in den 1970er Jahren immerhin, sich der Sonne ungefähr 44 Millionen Kilometer anzunähern, ohne zu verglühen. Ein Rekord, der meines Wissens bis heute nicht gebrochen ist.

Die Sonne ist aber nur Gottes Schöpfungswerk. Er selbst ist noch um ein Vielfaches heller, schöner, feuriger und heißer. Wenn wir uns schon der Sonne nicht nähern können, ohne zu vergehen, wie unmöglich ist es dann erst, sich Gott in seiner Heiligkeit zu nähern! Gott und Mensch? Das geht nicht zusammen. Jedenfalls nicht einfach so!

Dass das nicht funktioniert, hat ganz wesentlich etwas mit dem Thema „Schuld" zu tun, mit dem wir uns in diesem Abschnitt beschäftigen. Diese Schuld ist es nämlich, die in Ihnen Gefühl und Wissen entstehen lässt, dass Sie nicht zu Gott passen. Dabei geht es nicht nur um einzelne Taten, sondern in einer reflektierten Auseinandersetzung mit uns selbst müssen wir uns eingestehen, dass sich wahre Abgründe in uns auftun, eins zum anderen kommt und wir bis in die tiefsten Tiefen unserer Person beschädigt sind. Wir sind ganz und gar unpassend!

Stellen Sie sich vor, Sie seien auf dem Empfang einer hochstehenden Persönlichkeit eingeladen. Beim Betreten des Festsaals stellen Sie plötzlich fest, dass Sie statt schicker Abendgarderobe ein fleckiges, übelriechendes T-Shirt, Ihre schäbigste Jogginghose und Ihre lehmverkrusteten Gartenclogs tragen. Ihre Haare sind fettig und verfilzt, und Ihre Haut ist von einem Schweißfilm überzogen. Sie schämen sich für Ihren Aufzug in Grund und Boden und wollen nur eins: auf dem Absatz umdrehen und fluchtartig den Saal verlassen. Niemals, so Ihre Überzeugung, können Sie in Ihrer Aufmachung dieser hochstehenden Persönlichkeit begegnen!

So werden Ihnen auch auf dem Weg zu Gott all die Dinge an Ihrer Person und in Ihrem Leben bewusst, die völlig unpassend waren oder sind (wenn sie Ihnen nicht sowieso schon bewusst sind und Ihnen immer wieder zusetzen); Dinge, die dafür sorgen, dass Sie diesem Gott nicht einfach so unter die Augen treten können. Jetzt läuft Ihr vom Geist Gottes sensibilisiertes Gewissen auf Hochtouren und lässt sich nicht mehr den Mund verbieten oder Scheuklappen anlegen. Nun kommt die ganze Wahrheit auf den Tisch! Ich weiß, dass das ein sehr unangenehmer Prozess sein kann, möchte Sie aber dennoch ermutigen, hier keine Abkürzungen zu nehmen. Jetzt gilt es zu erkennen und zu bekennen: „Ja, so bin ich! Ja, das habe ich getan! Das gehört zu mir!“ Verdrängen und beschönigen Sie nichts, und suchen Sie auch keine Ausflüchte und Rechtfertigungen mehr. Sagen Sie: „Gott, du hast recht: Ich bin schuldig!“ Auch die Bibel ist an dieser Stelle ganz klar: *„Keiner ist gerecht – nicht ein*

Einziger. Keiner ist klug; keiner fragt nach Gott. Alle haben sich von Gott abgewandt; ... keiner tut Gutes, auch nicht ein Einziger" (Römer 3, Verse 11-12). Punkt.

Dem eigenen Sosein auf diese Weise ins Gesicht zu schauen, mit all den No-Goes und all dem, was wir verstecken und wofür wir uns so sehr schämen, ist äußerst ernüchternd und schmerzhaft! Ja! Aber es ist auch ein nötiger und heilsamer Prozess. Jesus sagt dazu: *„Wenn ihr euch nach meinen Worten richtet, dann werdet ihr die Wahrheit erkennen, und die Wahrheit wird euch befreien"* (Johannes 8, Verse 31- 32). Heißt: Das Ziel des Geistes Gottes ist es nicht, Sie zu beschämen und zu demütigen – das haben andere Menschen oder Sie selbst vermutlich bereits zur Genüge getan –, sondern Sie durch die Erkenntnis der Wahrheit zu befreien.

Befreiung zulassen und glauben lernen

Lassen Sie sich befreien! Jetzt geschieht das Unfassbare. Während Sie voller Scham auf dem Absatz umdrehen und fluchtartig den Festsaal verlassen wollen, hören Sie hinter sich eilige Schritte und eine Stimme, die laut Ihren Namen ruft und Sie bittet, stehen zu bleiben. Sie stoppen, drehen sich langsam um und stehen nun, stinkend und dreckig, wie Sie sind, ausgerechnet dieser hochstehenden Persönlichkeit gegenüber, um die sich alles an diesem Abend dreht. Sie laufen puterrot an und haben nur einen Wunsch: dass die Erde sich unter Ihnen auftut und Sie auf der Stelle verschwinden lässt. Aber dieser Jemand strahlt Sie herzlich an, streckt die Arme aus und zieht Sie kraftvoll an sich. Dabei raunt er Ihnen ins Ohr: „Willkommen! Schön, dass du da bist. Ich habe schon so lange auf dich gewartet. Komm mal mit!" Verdattert lassen Sie die Umarmung geschehen und folgen dieser Person. Er führt Sie in ein Zimmer mit angrenzendem Bad, in dem die schönste, Ihnen perfekt passende Abendgarderobe bereitliegt, und lässt Sie allein, damit Sie sich frischmachen und umziehen können. Sie streifen Ihre schmutzigen, nach Schweiß riechenden Klamotten ab, und – nach einem erfrischenden Bad – ziehen Sie sich die Festkleidung an. Als Sie das Zimmer verlassen, werden Sie schon erwartet und betreten nun am Arm Ihres Begleiters den Festsaal. Sie können es noch gar nicht fassen – etwas in Ihrem Leben hat sich komplett verändert. *Sie* sind verändert!

So in etwa könnte man die Erfahrung von Menschen beschreiben, die ihre Schuld vor Gott bekennen. Sie werden nicht, wie befürchtet, erniedrigt, beschimpft, gedemütigt oder bestraft, sondern hören Gottes „Willkommen! Schön, dass du da bist. Ich habe schon so lange auf dich gewartet! Komm mal mit!" Und dann gibt Gott Ihnen das, was Sie sich selbst nicht geben können. Die Bibel spricht an dieser Stelle von „Kleidern der Gerechtigkeit" und „Gewändern des Heils" (vgl. Jesaja 61, Vers 10). Gott schenkt Ihnen seine Vergebung, und er spricht Sie von Ihrer Schuld frei, weil er Sie unermesslich liebt! Seine Liebe hat er darin gezeigt, dass er selbst den Festsaal verlassen hat und in Jesus unser Leben gelebt und sogar unseren Tod gestorben ist. Einen Tod, der letztlich die Folge unserer Trennung von Gott ist. Einen Tod, der bei Jesus mehr war als ein physisches Geschehen. Er hat bei seinem Sterben auf geheimnisvolle Weise all unsere Dunkelheit und all unsere Abgründe auf sich genommen und damit die ursprüngliche Verbindung zwischen Gott und Mensch wieder hergestellt (lesen Sie dazu auch Jesaja 53, Verse 4-5). Jesus ist bis heute die Verbindung zwischen dem ganz anderen Gott und uns. Die einzige Verbindung! Dieser Jesus hat also alles getan, um Ihnen zu zeigen, dass es Gott mit seiner Liebe zu Ihnen wirklich ernst ist und dass er, koste es, was es wolle, mit Ihnen zusammen sein möchte. Denn so sagt die Bibel: *„Gott sandte seinen Sohn nicht in die Welt, um sie zu verurteilen, sondern um sie durch seinen Sohn zu retten“* (Johannes 3, Vers 17). Und: *„Gottes Liebe zu uns zeigt sich darin, dass Gott seinen einzigen Sohn in die Welt sandte, damit wir durch ihn das ewige Leben haben“* (1. Johannes 4,Vers 9).

Und jetzt verstehen Sie auch, warum die Wahrheit uns frei macht. Solange wir Schuld (und damit unseren „Gesamtzustand“ als Mensch) verdrängen und schönreden oder versuchen, uns selbst gerecht zu sprechen, kommen wir nicht in die Freiheit. Die Freiheit erfahren wir erst, wenn wir sagen: „So bin ich! Und sosehr ich mich auch anstrenge – ich werde niemals passend! Aber Gott ist es, der mich passend macht. Er ist es, der mich gerechtspricht.“ Deswegen können wir nun als Befreite leben. Ganz ohne Scham- und Schuldgefühle, die uns niederdrücken und uns den Lebensmut rauben. Das nennt die Bibel ... Glauben!

Auf diese Weise mit dem Thema „Schuld und Versagen“ umzugehen macht heil und ganz. Es gibt nun nämlich nichts mehr in unserer Biographie oder in unserer Person, das wir ausgrenzen oder abspalten müssen, weil wir die Dunkelheit darin nicht aushalten können. Nein, alles können wir annehmen, und zu allem können wir Ja sagen. Denn über allem steht Gottes unumstößliches „Ja“ zu uns. Wir können uns als ganze Person lieben und mit unserer Geschichte ausgesöhnt sein, weil Gott uns uneingeschränkt liebt und selbst für die Aussöhnung gesorgt hat. Wir können authentisch und transparent leben, weil wir uns nicht mehr schämen müssen. Was für ein Geschenk an unseren Lebensmut!

Ressourcenorientiert leben

Je nachdem, womit wir uns in unserer Biographie beschäftigt haben und wie intensiv wir es taten, sehen wir uns nun in erster Linie mit unseren Defiziten konfrontiert.

Oh Mann, was für Abgründe schlummern da in uns! Und was kommt da alles ans Licht, wenn wir aufhören zu verdrängen! Wie viele Verwundungen, wie viele schräge Denk- und Verhaltensmuster tragen wir infolge unserer Geschichte in uns, mit denen wir uns und anderen schaden!

Gerade jetzt ist es so wichtig zu verstehen, dass Gott uns genau so liebt, all inclusive, und dass er selbst in Jesus den Schaden behoben hat. Das entspannt und hilft, anzunehmen und zu bejahen, wer und wie wir sind.

Diese Gewissheit bewahrt uns aber auch davor, uns ausschließlich auf unsere Mängel zu konzentrieren. Wir haben im Laufe der Zeit doch auch jede Menge Stärken entwickelt. Diese Stärken sind häufig die Rückseiten unserer Defizite, sozusagen die andere Seite der Medaille. Diese Stärken lassen sich sogar *in* den Defiziten und *in* aller Beschädigung finden. Ja, viele Ressourcen, die uns hier und heute helfen, unser Leben zu bewältigen, haben sich nur dadurch entwickelt, dass uns manches verwehrt bzw. zugemutet wurde. Lebensmutiger werden wir dann, wenn wir aufhören, immer nur auf unsere Mängel und auf das, was uns in unserer Biographie fehlte, zu schauen. Richten Sie Ihren Blick lieber auf Ihre individuellen Ressourcen, die Sie nun weiter ausbauen können. Denn womit wollen Sie Ihr Leben denn lebensmutig gestalten, wenn nicht mit dem, was Sie sich bereits an Stärken und Kompetenzen angeeignet haben?

Stärken als Rückseite unserer Schwächen begreifen

Ich habe Ihnen zu Beginn dieses Kapitels einen kleinen Einblick in meine eigene Biographie gegeben. Das hier vorherrschende Thema „Aufgewachsen in einer Suchtfamilie" hat mich lange Zeit sehr beschäftigt. Damit verbunden war die immer deutlicher werdende Wahrnehmung all dessen, was mir für eine gesunde Entwicklung gefehlt hat. Die Auseinandersetzung mit diesen Defiziten war äußerst wichtig, um an diesen Stellen Heilung zu erfahren und mir rückwirkend das zuzuführen, was mir so sehr gefehlt hatte.

Irgendwann war es aber auch für mich an der Zeit hinzuschauen, welche besonderen Stärken ich mir als Kind in einer Suchtfamilie angeeignet hatte.

Natürlich war ich damals psychisch und emotional über die Maßen gefordert – aber dadurch habe ich eine enorme Belastbarkeit entwickelt, die ich zwar nie wahrgenommen und immer kleingeredet habe (was ich übrigens bis heute gerne tue!), die aber dennoch vorhanden ist. Manches stecke ich erstaunlich gut weg, während andere mir sagen: „Das könnte ich nicht!" Oder: „Das würde ich niemals schaffen!"

Ich war als Kind hilflos in der Endlosschleife einer Sucht mitgefangen – habe aber dadurch auch Durchhaltevermögen und Geduld eingeübt. Meine Fähigkeit, „drunter zu bleiben" und mich in Unabänderliches zu fügen, ist bis heute sehr ausgeprägt. Das schließt die Fähigkeit mit ein, auch zu schwierigen Menschen treu zu stehen, sie zu ertragen, immer wieder zu vergeben und ihnen dadurch einen Neustart zu ermöglichen.

Ich hatte als Kind nicht viel zu lachen – aber dadurch waren für mich unbeschwerte Momente und Situationen, in denen ich mich dennoch freuen konnte, besonders kostbar. Sie wurden von mir mit größerer Intensität wahrgenommen als von anderen, für die „heile Welt" eine Selbstverständlichkeit war. Zudem habe ich mir schon als Kind Nischen gesucht, die mir trotz aller Belastungen die Lebensfreude erhielten. Ich war z.B. immer schon gerne draußen in der Natur oder habe viel gelesen. Diese Fähigkeit, solche inneren und äußeren Räume zu schaffen und überall noch etwas Gutes und Lebensförderliches zu entdecken, ist mir bis heute erhalten geblieben.

Ich musste als Kind bereits die Rolle des Erwachsenen übernehmen – und sei es nur emotional. Der Erwachsene war bedürftig, während das Kind sich kümmern musste. Natürlich waren das vertauschte Rollen – aber dadurch entwickelte ich schon früh ein hohes Maß an sozialer Kompetenz. Einsatzwille und Hilfsbereitschaft sind mir durch meine Geschichte in Fleisch und Blut übergegangen. Dazu gehört auch die Fähigkeit, mit allen Menschen gut zurechtzukommen, sich mit schlafwandlerischer Sicherheit auf sie einstellen zu können und ihnen damit einen Raum zu schaffen, in dem sie sich besonders wohl, angenommen und verstanden fühlen.

Als Kind war ich ein wandelnder Seismograph, der schon kleinste Schwingungen und herannahende Katastrophen wahrnahm, um dann vorausschauend zu handeln. Das war reine Überlebensstrategie und nötig, um Dramen noch rechtzeitig abzuwenden. Natürlich war das sehr anstrengend – aber dadurch entwickelte sich ein Höchstmaß an empathischen Fähigkeiten in mir. Dieses hohe Einfühlungsvermögen befähigt mich bis heute, zwischen den Zeilen zu lesen, nonverbale Botschaften zu verstehen und ein Gespür dafür zu haben, wenn irgendetwas nicht stimmt.

Nichts war in meiner Kindheit sicher, jeder Tag war anders und Krisen samt ihrer Bewältigung an der Tagesordnung. Da musste man sich schon etwas einfallen lassen und manchmal blitzschnell reagieren! Aus dem Nichts heraus mussten Lösungen herbeigezaubert und flexibel umgesetzt werden. Stress pur – aber dieses hohe Maß an Flexibilität und Kreativität im Umgang mit den Herausforderungen des Lebens besitze ich bis heute. „Es gibt immer einen Weg" – dieser Satz gehört seit jeher zu meinen Grundüberzeugungen.

Diese Beispiele zeigen, dass unsere Defizite immer auch mit Stärken einhergehen, die wir uns angeeignet haben, um genau diese Mängel zu kompensieren oder zu überwinden.

Und diese Beispiele gibt es nicht nur in meinem Leben, sondern auch in Ihrem! Fertigen Sie sich eine Liste all der Eigenschaften an, die bei Ihnen die „Kehrseite der Medaille" sind. Dabei kann Ihnen die Beantwortung folgender Fragen helfen:

Wie sah meine Überlebensstrategie in schwierigen Lebensphasen aus?

Was hat mir eigentlich geholfen, die entsprechenden Situationen auszuhalten?

Was hat mir geholfen, Probleme zu überwinden und aus einem Loch wieder herauszukrabbeln?

Gibt es eine gute, erhaltenswerte Botschaft in den unguten Prägungen, die ich mitbekommen habe?

Wie habe ich bisher meine Verletzungen und Schuldgefühle „weggesteckt"?

Klar, bei diesen Überlebensstrategien sind, wie wir gesehen haben, manche Verhaltens- und Reaktionsmuster dabei, die im Rückblick wenig hilfreich waren. Dazu gehören z.B. Rückzug, unangemessene Aggressivität, Verdrängung, Selbstbeschuldigung, Rachephantasien, übermäßige Anpassung usw. Aber selbst diese Reaktionsmuster haben eine starke Seite, die es nun zu entdecken gilt:

Die Tendenz zum Rückzug beinhaltet *auch* die Fähigkeit, allein und auf sich gestellt Lösungen zu finden und mit dem Leben klarzukommen. Beinhaltet Autonomie, Selbstständigkeit und Unabhängigkeit.

Unangemessene Aggressivität beinhaltet *auch* Durchsetzungswillen, die Fähigkeit, Grenzen zu setzen, Kampfkraft und Mut.

Die Neigung zur Verdrängung beinhaltet *auch* die Weigerung, sich übermäßig in schmerzliche Gefühle hineinzusteigern. Beinhaltet die Fähigkeit, Abstand zwischen sich und das Erlebte zu bringen und damit sachlich und handlungsfähig zu bleiben.

Der Hang zur Selbstbeschuldigung enthält *auch* eine hohes Maß an Selbstreflexion, die Fähigkeit, bei sich und den eigenen Anteilen zu bleiben und Bereitschaft, Selbstverantwortung zu übernehmen.

Rachegedanken, mit denen Sie sich über die Runden geholfen haben, weisen *auch* auf einen ausgeprägten Gerechtigkeitssinn hin und die Fähigkeit, Schlechtes und Zerstörerisches zu erkennen und beim Namen zu nennen.

Und die übermäßige Anpassung enthält *auch* eine Kernkompetenz resilienter Menschen: die Fähigkeit, das Leben zu nehmen, wie es nun einmal ist, Ja zu sagen und sich einzufügen.

Mit uns selbst, unserer Geschichte und unseren Defiziten versöhnt

Es geht also nicht nur um das Ablegen unguter Prägungen oder Denk- und Verhaltensmuster, die wir uns im Laufe des Lebens angeeignet haben, sondern vielmehr noch um ihre Neuausrichtung. Es geht darum, das ursprünglich Gute, das Gott in Sie hineingelegt hat, wieder freizulegen, in Verbindung mit ihm zu bringen und damit wieder richtig einzunorden. Es geht darum, in der Ausrichtung auf ihn das Verdrehte wieder zu begradigen und damit in eine gute Spur zu bringen. Deshalb: Kämpfen Sie nicht gegen Ihre No-Goes an, und werten Sie diese nicht direkt ab, sondern wenden Sie sich ihnen aufmerksam und liebevoll zu. Und überlegen Sie dann, wie Sie mit diesen Eigenschaften und Angewohnheiten in Zukunft so zusammenleben können, dass sich ihr zerstörerisches Potenzial so wenig wie möglich bemerkbar macht, dafür aber ihre Stärken in den Vordergrund gerückt werden.

So ist die Auseinandersetzung mit der eigenen Geschichte und all dem, was uns zu dem Menschen hat werden lassen, der wir heute sind, äußerst spannend, erhellend und bisweilen auch sehr herausfordernd. Aber es lohnt sich, diese Arbeit zu tun!

Ich für meinen Teil wünsche mir jedenfalls, dass sich der Gedanke „Ich bin mir selbst der größte Feind“ immer seltener bei mir finden lässt. Dagegen will ich zu mir selbst Ja sagen, mit mir und meiner Geschichte ausgesöhnt leben und mir selbst der größte Unterstützer sein, wenn es darum geht, meinen Lebensmut zu fördern!

Angst essen Seele auf

Lebensmutig der Angst begegnen

Das Gegenteil von Lebensmut ist Lebens*angst*. Angst ist das größte Hindernis auf dem Weg zu einem lebensmutigen Umgang mit unserem Dasein. Angst ist ein sehr starkes, bedrohliches und existenzielles Gefühl, das uns komplett blockieren kann. Deswegen ist es wichtig, dass wir uns mit diesem Gefühl auseinandersetzen, seine Sprache verstehen und lernen, damit umzugehen.

Ich erinnere mich noch gut an eine meiner ersten Panikattacken. Ich saß beim Friseur, der mir gerade mit liebevoller Sorgfalt Strähnchen in die Haare gezogen und diese in Alufolie eingepackt hatte. Da saß ich nun – angetan mit einem schicken Frisierumhang und kleinen Alufolienpäckchen auf dem Kopf, aus denen meine restlichen Haarspitzen vorwitzig hervorlugten und nach allen Seiten abstanden. Mein Kopf war von einem stylischen Wärmegerät umgeben, welches der Strähnchenfarbe zu ihrer vollen Entfaltung verhelfen sollte. Mein Spiegelbild zeigte mir eine interessante Mischung zwischen einem Weihnachtsbraten, der zum Schutz vor dem Austrocknen mit Folie versehen in der Röhre steckt, und einem kleinen Marsmännchen, das gerade dem Raumschiff entsprungen ist und nun neugierig seine Umgebung mustert.

In diesem Augenblick wurde mir etwas schummerig. Gleichzeitig wurde mir aber schlagartig klar: „Ich kann hier jetzt unmöglich weg!“ Zum einen, weil die Strähnchenfarbe gerade erst aufgetragen war und nun unbedingt erst einmal einige Zeit einwirken musste. Sonst würden meine Haare hinterher in den abenteuerlichsten Farben schillern, nur nicht in dem zarten Blondton, auf den ich es abgesehen hatte. Und das wollte ich unter allen Umständen vermeiden! Und natürlich konnte ich auch nicht einfach als Weihnachtsbratenmarsmännchen den Friseursalon verlassen und mich in diesem Aufzug auf die Straße begeben.

Vielleicht war der Gedanke „Ich kann hier nicht weg" auch zuerst da, und das Gefühl einer nahenden Ohnmacht kam danach. Ich weiß es nicht mehr. Aber das Empfinden, in dieser Situation gefangen zu sein, löste schlagartig Panik in mir aus. Mein Herz begann zu rasen, ich bekam Schweißausbrüche, hatte das Gefühl, keine Luft mehr zu bekommen, und meinte, jeden Moment dort, mitten im Friseursalon, aus den Latschen zu kippen. Ich erklärte der Friseuse, dass mir ein wenig schummerig sei, bat um ein Glas Wasser und versuchte, die Situation durch Ablenkung mehr schlecht als recht zu überbrücken. Irgendwann wurde ich erlöst: Die freundliche Friseuse entschied, dass die Farbe nun ausgewaschen werden konnte, schnippelte danach noch ein bisschen an meinen Haaren herum und entließ mich mit den Worten: „Ich hoffe, es geht Ihnen bald wieder besser. Aber die frische Luft wird Ihnen sicher guttun!"

Das tat sie auch – aber die Angst vor einem „nächsten Mal" saß mir bereits im Nacken. Und das „nächste Mal" ließ dann auch tatsächlich nicht lange auf sich warten. Ohne eine konkrete oder reale Bedrohung überfiel mich von nun an immer wieder in allen möglichen und unmöglichen Situationen Panik und löste Todesängste in mir aus.

Damals erlebte ich am eigenen Leib, wie existenziell bedrohlich sich Angst anfühlt.

Und daraus entstand ganz schnell eine neue Angst: nämlich die Angst vor der Angst. Aus lauter Angst vor diesem bedrohlichen Gefühl entwickelte ich ruck, zuck Vermeidungsstrategien, um ja nicht noch einmal „so etwas" durchleben zu müssen. Dummerweise hat Angst aber die Angewohnheit, sich zu generalisieren. Meint: Bezieht sie sich anfangs vielleicht noch auf eine ganz konkrete, vielleicht sogar tatsächlich bedrohliche Situation, greift sie dann ganz schnell auf andere, ähnlich gelagerte Situationen über. Angst hat die unschöne Angewohnheit, Erfahrungen mit ihr zu verallgemeinern.

Dabei geht sie in etwa so vor (jetzt kommt O-Ton Angst): „Deine erste Panikattacke hattest du im Supermarkt an der Kasse, als du plötzlich feststellen musstest, dass du zu wenig Geld bei dir hattest. Achtung! Kasse = Angst!"

Logische Schlussfolgerung: Sie vermeiden fortan die Kasse. Ab jetzt gehen Sie nur noch mit Ihrem Mann, der Mutter, der Freundin oder den Kindern einkaufen und schicken die dann an der Kasse vor. Sie finden das ziemlich bescheuert, aber ... nun ja.

Aber dann fällt der Angst etwas Neues ein: „Halt mal! Du hattest doch an der Kasse im *Supermarkt* Angst. Da muss doch ein Zusammenhang bestehen! Demnach ist doch bereits der Besuch eines Supermarktes irgendwie bedrohlich – findest du nicht? Ich würde sagen: Kasse + *Supermarkt* = Angst!"

O.k. – also auch kein Supermarkt mehr. Demnächst müssen Mann, Mutter, Freundin oder Kinder für Sie einkaufen gehen. Zu blöd – die haben ja nun auch nicht immer Zeit, und Sie werden damit in Ihrer Eigenständigkeit ganz schön beschnitten. Und soo gebrechlich sind Sie ja eigentlich noch nicht, dass man bereits für Sie einkaufen müsste! Aber egal. Hauptsache, Sie müssen keine Angst mehr haben. Geschafft!

Aber da meldet sich die Angst von neuem. Und zwar in einem Moment, in dem Sie gar nicht mit ihr rechnen! Sie sind gerade ins Auto gestiegen und wollen losfahren. Da hockt Madam Angst doch tatsächlich bereits auf dem Beifahrersitz und klopft Ihnen komplizenhaft auf die Schulter.

„Pass mal auf", sagt sie und zwinkert Ihnen verschmitzt zu. Gerade so, als sei sie Ihre allerbeste Freundin. „Ich hab da noch eine neue Idee!" Beifall heischend blickt sie zu Ihnen herüber. „Aber", sie beugt sich vor, „vorher will ich deinem Gedächtnis kurz auf die Sprünge helfen: Kasse = Angst. Danach kam: Kasse + Supermarkt = Angst. So weit waren wir schon, denn du lernst schnell! Und jetzt meine Idee!" Die Angst lehnt sich zurück und guckt Sie triumphierend an. „Du bist doch immer mit dem *Auto* zum Einkaufen gefahren. Das Auto ist also auch verdächtig und hat irgendwas mit der Sache zu tun. Demnach könnten wir die hübsche Rechenaufgabe doch noch verlängern: Kasse/Supermarkt + *Autofahren* = Angst! Na, wie klingt das?"

„Klingt gar nicht gut", denken Sie insgeheim. „Klingt so, als müsse ich demnächst alle Wege zu Fuß machen oder mit dem Bus fahren."

Klingt aber leider auch absolut logisch und fühlt sich – wenn Sie Ihren Angstpuls messen – vor allem auch so an. Dann muss es wohl stimmen! Also nichts wie raus aus dem Auto.

Dann müssen demnächst wohl Mann, Mutter ... na, das hatten wir ja schon.

So funktioniert Angst! Und zwar nicht nur bei Panikattacken. Wenn wir nicht lernen, mit Angst umzugehen, dann rückt sie uns immer weiter auf die Pelle und macht uns unseren Lebensraum zunehmend streitig. Bis wir am Ende, total eingeschüchtert und komplett unseres Lebensmutes beraubt, nur noch in einer kleinen Ecke unseres Daseins hocken.

Das begriff ich Gott sei Dank sehr schnell und verstand, was für eine enorme Macht Angst über mein Leben bekommen kann ...wenn ich es zulasse.

Um nicht immer tiefer in eine „Angst-Vermeidungsspirale" hineinzurutschen, habe ich mich damals sehr intensiv damit befasst, wie ich solche Angstzustände bewältigen und überwinden kann. Daraus haben sich Strategien entwickelt, die sich auch bei ganz „normaler" Angst anwenden lassen und helfen können, Ängste zu überwinden.

Lebensmutige Menschen werden, wie andere Menschen auch, mit bedrohlichen Situationen konfrontiert, die verunsichern, beunruhigen und Ängste auslösen. Aber sie tragen ein großes Vertrauen in sich, mit jeder erdenklichen Situation fertig zu werden und jede Schwierigkeit bewältigen zu können. Dabei überrennen sie ihre Ängste nicht einfach, sondern akzeptieren sie und treten in den Dialog mit ihnen. Auf diesem Weg erkennen sie, wo reale Gefahren lauern, vor denen die Angst sie warnen will, und wann eine Situation zwar unangenehm, aber nicht wirklich gefährlich ist. Dann sind sie in der Lage, sich ungeachtet ihrer Ängste den Herausforderungen zu stellen. Sie warten nicht ab, bis die Angst verschwunden ist, und handeln dann, *sondern handeln* trotz *der Angst. Sie haben verstanden, dass Ängste sich nicht von selbst in Luft auflösen, sondern nur dann, wenn sie durchgestanden werden. Deswegen kann die Angst sie nicht beherrschen, sondern sie können angstmachende Situationen souverän bewältigen.*

Angst gehört zum Leben

Das Leben ist ein höchst unsicherer Ort. Angst ist eine ganz normale und wichtige Reaktion auf all die Gefahren, die hier lauern. Ohne Angst könnten wir keinen Tag überleben, und unsere Vorfahren hätten es schon gar nicht gekonnt. Denn sie hatten noch mit den unmittelbaren Bedrohungen durch die Natur zu tun. Im Laufe der Zivilisation sind diese Bedrohungen weniger geworden, vor allem für die Stadtmenschen in den Industrienationen. Es gibt keine gefährlichen Säbelzahntiger mehr, ein Gewitter hat seine Bedrohlichkeit verloren, weil wir heute Vorkehrungen gegen einen Blitzeinschlag treffen können, Pest und Cholera sind bei uns ausgerottet, und die Sterblichkeit von Kranken und Säuglingen durch Infektionen ist weit zurückgegangen. Wir scheinen Naturgewalten und seuchenverdächtige Krankheiten weitestgehend im Griff zu haben. Dass diese Sicherheit allerdings trügerisch ist, zeigen Bilder von gewaltigen Stürmen und Überschwemmungen, von verheerenden Erdbeben, von zahlreichen Todesopfern des Ebolavirus und beunruhigende Nachrichten über eine zunehmende Antibiotikaresistenz.

Immer dann, wenn wir meinen, wir wären nun endlich Herr der Lage, schlägt die Natur irgendwo und irgendwie erneut zu und demonstriert uns auf sehr eindrückliche Weise, dass wir einer Illusion erlegen waren und sie immer noch die Stärkere ist.

Dennoch: Für den modernen Menschen der westlichen Welt stehen die Ängste vor Naturgewalten nicht mehr im Vordergrund, sondern es dominieren andere Ängste.

Seit 1992 macht das Infocenter der R+V-Versicherung einmal im Jahr bei etwa 2400 Bürgerinnen und Bürgern ab 14 Jahren eine repräsentative Umfrage zu ihren Ängsten.

Das Ergebnis für 2016 sah folgendermaßen aus: Der Angstindex (die Durchschnittsanzahl der verschiedenen Ängste) stieg 2016 gegenüber dem Vorjahr um zehn Prozentpunkte.

Angst vor Terrorismus, vor politischem Extremismus jedweder Art, vor gesellschaftlichen Spannungen durch den Zuzug von Ausländern, Angst, dass Politiker und Behörden dieser Herausforderung nicht gewachsen sind, sowie Angst vor den Kosten für Steuerzahler durch die EU-Schuldenkrise belegten dabei die ersten Plätze auf der Angsthitliste. Die Angst der Deutschen, im Alter pflegebedürftig zu werden und damit anderen zur Last zu fallen, war ebenfalls sehr hoch. Erst danach folgte die Angst vor Naturkatastrophen. Auch die Sorgen um Geld, Gesundheit und Umwelt – in früheren Jahren noch Top-Themen – wurden von den aktuellen Bedrohungen überlagert. Die Unterschiede zwischen den Geschlechtern waren dabei nur unwesentlich.

Die Gefahren, die an diesem unsicheren Ort lauern und Ängste hervorrufen, sind also im Laufe der Jahrtausende nicht weniger geworden, sondern verändern sich nur. Und unsere Reaktion darauf – die Angst – passt sich dem aktuellen Schreckensszenario an.

Sinn und Zweck von Angst

Dabei ist Angst zunächst einmal nichts Schlechtes. Denn sie warnt uns und hält uns davon ab, unverantwortliche Risiken einzugehen. So mobilisiert sie Kräfte, die Abwehr oder Flucht ermöglichen. Dadurch sind Menschen, die sich in akuter Gefahr befinden, manchmal zu Leistungen fähig, die ihnen unter normalen Umständen nicht möglich wären.

In angstmachenden Situationen schütten die Nebennieren Adrenalin und Noradrenalin aus. Das Herz schlägt dann schneller, und das Blut bindet mehr Sauerstoff. Der Körper ist damit besser in der Lage, sich zu verteidigen oder zu fliehen. Nicht umsonst gibt es das Sprichwort, dass Angst Flügel verleiht.

Oder aber die Angst bewirkt genau das Gegenteil, nämlich, uns handlungsunfähig zu machen. „Ich war vor Angst wie gelähmt!“ Oder: „Starr vor Angst stand ich da!“, so sagen wir. Wie das sprichwörtliche Kaninchen hocken wir dann bewegungslos in der Ecke und starren voller Angst auf die Schlange, die sich auf uns zu bewegt. Die Angst bewirkt dann ein Gefühl des Entsetzens, der Lähmung und der Ausweglosigkeit. Diese Reaktion des Erstarrens ist nur suboptimal, kann aber in manchen Situationen durchaus zweckmäßig sein. Manche Tierarten nutzen diesen Totstellreflex, um für die drohende Gefahr (etwa einen herannahenden Raubvogel) möglichst unsichtbar zu sein. Und auch für uns kann das totale „Herunterfahren“ in bedrohlichen Momenten mitunter sinnvoll sein. Denn wer in Stressmomenten voller Panik reagiert und *irgend*was macht, der macht unter Umständen genau das Falsche.

Angst hat also eine wichtige Überlebensfunktion. Und deswegen kann es nicht darum gehen, Angst aus unserem Leben zu eliminieren, sondern vielmehr darum, ihre Sprache zu verstehen und das, was sie uns sagen will, sinnvoll und gewinnbringend umzusetzen. Es geht darum, Angst zuzulassen, uns aber nicht von ihr beherrschen zu lassen und ihr erst recht nicht immer und überall das Wort zu erteilen. Wir können lernen, sie an den Platz zu verweisen, der ihr zukommt: Sie ist ein wichtiges und nützliches Warninstrument, das unser Leben schützen will und Situationen, die uns schaden könnten, zu überdenken hilft. Nicht mehr und nicht weniger.

Wenn wir dagegen versuchen, Angst erzeugende Situationen zu meiden, weil wir Angst vor der Angst haben, dann meiden wir das Leben selbst, und unser Lebensraum wird immer enger. Wir werden nicht lebensmutiger, sondern zunehmend lebensängstlicher, und ziehen uns immer weiter in unser vermeintlich sicheres Schneckenhaus zurück.

Merke: Der lebensmutige Weg im Umgang mit Angst geht immer mitten durch die Angst hindurch!

Die Sprache der Angst verstehen

Es geht also im Umgang mit Ängsten zunächst einmal darum hinzuhören, was die Angst uns sagen möchte, und hinzuschauen, worauf sie uns aufmerksam machen will. Das setzt voraus, dass wir aufhören, wegzulaufen oder zu verdrängen, und uns diesem Gefühl stellen: „Ja, im Moment habe ich Angst!" Das setzt auch voraus, dass wir aufhören, gegen die Angst zu kämpfen, sondern sie *sein* zu lassen. Denn alles, was wir in unserem Inneren bekämpfen, hat die Angewohnheit, sich immer wüster und aggressiver zu gebärden und lautstarker bemerkbar zu machen. Wenn wir dagegen sagen: „Es ist o.k., dass du, meine Angst, jetzt da bist!", beruhigt sich unser Inneres meistens schon erheblich. Dabei entdecken wir, dass uns gar nichts passiert, wenn wir die Angst *sein* lassen. Klar, sie ist ein höchst unangenehmes Gefühl, das – je nach Intensität – mindestens genauso unangenehme körperliche Symptome hervorbringen kann. Herzrasen, Zittern, Schweißausbrüche und Atemnot sind ja alles andere als Wohlfühlsymptome. Aber wirklich passieren tut uns durch die Angst nichts. Allenfalls durch die Bedrohung, auf die sie uns hinweisen will. Und genau da gilt es nun hinzuschauen.

Reale und fiktive Bedrohung unterscheiden

Gibt es tatsächlich eine reale Bedrohung? Wenn ja, wie sieht sie aus und wie gedenke ich, mich ihr gegenüber zu verhalten?

Wenn Sie allein im Haus sind und mitten in der Nacht aufwachen, weil Sie aus dem Erdgeschoss Geräusche hören, dann reagieren Sie mit Angst und den oben genannten körperlichen Symptomen. Genaugenommen müsste man an dieser Stelle von Furcht sprechen. Der Begriff „Angst" grenzt sich von „Furcht" insofern ab, als Furcht sich auf eine reale Bedrohung bezieht, Angst dagegen einen eher unspezifischen Gefühlszustand beschreibt. Da sich diese beiden Begriffe umgangssprachlich jedoch vermischen und eine Differenzierung meines Erachtens auch nicht zwingend notwendig ist, verzichte ich auch hier darauf.

Unmengen an Adrenalin werden ausgeschüttet, wodurch Ihre Sinne geschärft und Sie auf besondere Leistungen vorbereitet werden. Das ist auch gut so, denn es gibt möglicherweise eine ganz reale Bedrohung in Ihrem Leben, mit der Sie jetzt zurechtkommen müssen: einen Einbrecher. In Ihrem Kopf rattern nun mögliche Szenarien durch und führen zu einer Reaktion. Wie diese ausfällt, hat ganz viel mit Ihrer Selbsteinschätzung zu tun (nehmen Sie sich als mutig und stark oder eher ängstlich und schwach wahr?) und mit der Einschätzung der Lage (ist ein Telefon in erreichbarer Nähe, um die Polizei zu rufen? Hätten Sie etwas zur Hand, um dem Typen eins überzubraten? Könnten Sie unbemerkt die Haustür erreichen, um Hilfe zu holen?). Je nachdem, entscheiden Sie sich dann für die Variante Flucht, Kampf oder Ducken bzw. Totstellen (in diesem Fall eher: schlafend stellen).

Kleiner Tipp: Falls Sie sich für die Variante „Kampf" entscheiden, sollten Sie wirklich sicher sein, dass sich im Untergeschoss nicht nur ein Familienmitglied aufhält, das zu sehr später Stunde überraschend heimgekehrt ist …

Aber wie real ist die Bedrohung, wenn Sie beispielsweise mit vollbepacktem Einkaufswagen und einer Schlange ungeduldig wartender Einkäufer im Nacken bei Aldi an der Kasse stehen und feststellen müssen, dass Sie Ihr Portemonnaie samt Bargeld und Scheckkarte zu Hause vergessen haben? Eine Situation, die bei manch einem für Schweißausbrüche, Herzklopfen und panische Gedanken sorgt! Aber hier *gibt* es keine Bedrohung, allenfalls eine peinliche Situation, die man jedoch durchaus überstehen kann. Und meistens problemloser und mit sehr viel mehr Verständnis seitens unseres Gegenübers, als wir es uns in unserem Kopfkino vorstellen. Wir können also der Angst sagen: „Sehr freundlich, dass du so aufmerksam bist und mich auf diese ‚gefährliche' Situation hinweist! Aber weißt du, hier lauert gar keine wirkliche Gefahr, und deswegen sind weder Flucht noch Kampf, noch Totstellen angebracht. Hier kann ich ganz normal und gelassen reagieren. Vielen Dank für deinen Hinweis – aber jetzt darfst du wieder gehen!" So verdrängen wir die Angst nicht, überlassen ihr aber auch nicht die Führung. Wir treten freundlich, aber bestimmt in einen Dialog mit ihr.

Angstmachende Grundüberzeugungen entlarven und hinterfragen
Kommen solche Situationen, in denen wir unverhältnismäßig stark mit Angst reagieren, öfter vor, können wir sie nutzen, um etwas tiefer anzusetzen und so unseren Angstgefühlen nachhaltig den Nährboden zu entziehen. Denn Angst erwischt uns in der Regel an unseren schwächsten und dünnsten Stellen. Und genau die gilt es zu stärken!

Solch eine „Bei-Aldi-an-der-Kasse-Situation" hat beispielsweise etwas mit der Angst zu tun, wir könnten anderen zur

Last fallen (der Kassiererin, die nun unseren Einkauf stornieren muss, den Leuten hinter uns, die nun noch länger in der Schlange warten müssen), oder der Angst, andere könnten sauer auf uns sein und schlecht von uns denken. Es ist uns sehr wichtig, was andere von uns halten, und wir wollen nicht dumm und unfähig vor ihnen dastehen. Und genau da können Sie ansetzen. Hinterfragen Sie doch mal Ihr Lebens- und Denkmodell, das hinter Ihren Ängsten steckt bzw. das diesen Ängsten Nahrung gibt. In diesem Fall könnte das so aussehen:

Ist es wirklich so wichtig, dass alle mit mir einverstanden sind?

Ist das überhaupt realistisch?

Mache ich mich nicht zum Spielball anderer Leute, wenn ich ständig versuche, allen Menschen gerecht zu werden?

Warum darf ich mich mit meinen Fehlern anderen Menschen nicht zumuten? Umgekehrt passiert das doch auch!

Ist es wirklich so schlimm, wenn man mal einen Fehler macht, etwas vergessen hat, unachtsam war und dergleichen? Wer ist schon perfekt!

Ist mir der Wunsch „Niemand-soll-schlecht-von-mir-denken" wirklich wichtiger als mein Wohlergehen, meine Freiheit und ein angenehmes, angstfreies Lebensgefühl?

Mit diesen Fragen könnten Sie das zugrunde liegende Thema bearbeiten und so der Angst den Wind aus den Segeln nehmen. Je klarer wir die Grundangst definieren und formulieren können, umso gezielter können wir uns in dem Bereich stärken, in dem wir augenscheinlich schwächeln.

Wir sehen: Wenn wir die Angst zu Wort kommen lassen und gelernt haben, ihre Sprache zu verstehen, können wir durchaus einiges von ihr lernen!

Diffusen Ängsten begegnen

Vor lauter Angst gar nichts zu tun und zu erstarren ist manchmal sinnvoll (etwa, wenn ein hungriges Raubtier hinter Ihnen her ist, Sie für tot hält und sich frische Beute sucht), aber in der Regel eher suboptimal. Das haben wir bereits festgestellt. Handlungsfähig zu sein und zu bleiben ist weitaus besser und sollte das erklärte Ziel im Umgang mit Ängsten sein. Was nicht heißt, dass wir angesichts einer Bedrohung in hektischen Aktivismus verfallen. Aber es ist wichtig, einen Weg aus der Enge, in die uns die Angst geführt hat, zurück in die Weite zu finden.

Das Wort „Angst" stammt vom griechischen Verb „agchein" und dem lateinischen „angere". Beides heißt übersetzt „würgen", „die Kehle zuschnüren". Und genau darum geht es: dass wir uns aus dem Würgegriff der Angst befreien und wieder frei durchatmen, klar denken und sinnvolle Handlungsstrategien entwickeln können. Handlungsfähig zu sein und zu bleiben vermittelt uns und unserem Innern nämlich immer ein Gefühl der Stärke und Souveränität, während Passivität unserem Inneren Schwäche signalisiert. Und an diesem Gefühl der Schwäche dockt die Angst an.

Aber: Je unkonkreter und unfassbarer die Ursache unserer Angst ist, umso schwieriger ist es, handlungsfähig zu bleiben. Wir haben ja nichts Handfestes in der Hand und können demgemäß auch kein konkretes Reaktionsmuster entwerfen. Und genau darin liegt das Problem vieler Ängste. Erinnern wir uns an die Hitliste deutscher Ängste in 2016: Terrorismus, politischer Extremismus, Spannungen durch Zuzug von Ausländern und daraus entstehende Überforderung von Bürgern und Behörden, Schuldenkrise der EU, Pflegebedürftigkeit im Alter,

Krankheiten und Naturkatastrophen. Die bedrohlichen Szenarien, die hinter diesen Ängsten stecken, sind so unkonkret, dass wir gar nicht drauf reagieren *können*. All das *könnte* passieren. Wir wissen aber nicht, wann, wo und ob überhaupt. Wir können uns aufgrund dieser Horrorszenarien verrückt machen, haben aber keinen Handlungsansatz, um der Angst zu begegnen. Unsere Angst geht ins Leere und hat ihren Zweck, uns auf eine sinnvolle Reaktion vorzubereiten, verfehlt. Unsere Ängste sind also sinnlos, denn sie führen zu nichts!

Diese latenten Ängste sind tückisch, weil sie das allgemeine Angstniveau (und damit auch Stressniveau) in unserer Psyche enorm heraufsetzen. Wenn wir uns jetzt noch in irgendeiner Weise in unserem persönlichen Leben bedroht fühlen, sind wir ganz schnell am Limit und reagieren über (das passiert z.B. bei Panikattacken). Darüber hinaus machen uns diffuse Dauerängste anfällig für Verrücktmacher, Manipulation und einfache „Angst-Beseitigungs-Parolen". Eine Tatsache, die sich z. B. politisch extreme Gruppierungen zunutze machen.

Diffuse Ängste konkretisieren und handeln

Um zu verhindern, dass ich mit einer permanenten, nicht zielgerichteten Angst im Bauch herumlaufe, versuche ich, auch diese diffusen Ängste „hochzuholen" und zu benennen. Und ich versuche auch hier, mich mit der zugrunde liegenden Grundüberzeugung, die ich nun bedroht sehe, auseinanderzusetzen.

Dann lande ich (wenn ich die Top Ten der deutschen Ängste in 2016 betrachte) bei Angst vor Krieg, vor Gewalt, vor Verarmung und davor, dass Grundwerte wie Meinungs- und Religionsfreiheit irgendwann auch in unserem Land nicht mehr zählen. Heißt: Ich fühle mich in meiner Existenz bedroht und befürchte, dass Dinge geschehen, die ich nicht mehr unter Kontrolle habe.

Dann frage ich mich auch hier, ob ich etwas Konkretes tun kann, um dieser Bedrohung entgegenzuwirken. Gibt es einen Handlungsansatz?

Ja, aber nur einen kleinen. Ich kann mich negativer Meinungsmache entgegenstellen, ich kann Friedensstifter sein, wo in meinem Umfeld verbale oder körperliche Gewalt eingesetzt wird, ich kann mich um Flüchtlinge kümmern, damit Integration und ein friedliches Miteinander gelingen, kann Meinungs- bzw. Religionsfreiheit hier und heute nutzen und verteidigen, ich kann etwas für meine Altersvorsorge tun und die Frage, wie und wo ich das hohe Alter verbringen will, rechtzeitig klären.

Unkontrollierbares loslassen

Ich komme aber nicht umhin anzuerkennen, dass ich das Große und Ganze nicht steuern, geschweige denn kontrollieren kann. Ich habe die Geschicke dieser Welt und den Verlauf meines Lebens nicht in der Hand! Hier gilt es, unsinnige Ängste loszulassen und Abschied von der Illusion eigener Machbarkeit zu nehmen.

An dieser Stelle bin ich riesig froh, dass ich mein Leben im Vertrauen auf Gott leben kann.

Wenn alles um mich herum zerbrechen und auch mein eigenes Leben in Trümmern liegen sollte, habe ich doch die ganz feste Zuversicht, dass Er immer noch da ist, mich hält, mich trägt und meinem Leben festen Halt geben wird. Und wenn ich ins Bodenlose fallen werde, weil nichts mehr da ist, was mich hält, werde ich doch nie tiefer als in Gottes Hand fallen. Und da bin ich *immer* gut aufgehoben! Die Bibel beschreibt diese tiefe Geborgenheit so: *„Ich beschäftige mich nicht mit Dingen, die zu groß oder zu wunderbar für mich sind. Ich bin ganz still und geborgen wie ein Kind bei seiner Mutter. Ja, wie ein Kind ist meine Seele in mir“* (Psalm 131, Verse 1b-2).

Mit diesem Bibelwort und dem Bild, das dahinter aufleuchtet, habe ich schon mehr als einmal meine Seele beruhigt, mich von sinnlosen Ängsten abgewandt und lebensmutig auf das konzentriert, was ich bewirken und verändern *kann*.

Ich pack das!

Häufig haben wir Angst, mit dem, was da auf uns zukommt, nicht fertigzuwerden. Genau genommen ist das der eigentliche Grund unserer Angst. Heißt im Umkehrschluss: Wenn Sie wüssten, dass Sie mit allem, was im Leben auf Sie zukommt, fertigwerden können – wie sieht es dann mit Ihrer Angst vor den bedrohlichen Szenarien ihres persönlichen Lebens und des Weltgeschehens aus?

Egal, ob Sie nächstes Jahr noch Ihren Job haben oder Ihnen gekündigt wird, ob Sie erkranken oder gesund bleiben, was Ihre Kinder anstellen (oder Ihr Partner), welche Regierung an die Macht kommt und ob Ihr Erspartes an Wert behält oder ihn verliert – stellen Sie sich vor, Sie wüssten mit hundertprozentiger Sicherheit, dass Sie mit all diesen Situationen fertigwerden. Wie geht es Ihnen dann mit dem Gedanken an all die Schrecknisse?

Wahrscheinlich wie mir: Die Angst schrumpft ganz beträchtlich. Denn wir haben die Gewissheit: Ich pack das!

Deswegen ist der Satz: „Ich werde mit allem fertig werden!“, ein guter Satz, um unserer Angst zu begegnen.

Aber stimmt dieser Satz auch? Lebensmutige Menschen *haben* diese Überzeugung. Dieses Grundvertrauen lässt sie dem

Leben gelassen entgegenblicken und schwierige Situationen relativ stabil durchstehen. Denn sie machen sich nicht bereits im Vorhinein verrückt (ein Verhalten, das uns schwächt), sondern warten ab, was tatsächlich passiert. Sie sind der Überzeugung: „Es gibt immer einen Weg!" Wenn es dann tatsächlich eng wird, greift Ihre Grundüberzeugung, mit allem fertigzuwerden, und wird zur Tat. Sie packen an, suchen nach konstruktiven Lösungen und gehen mutige Schritte aus der Krise hinaus.

Nun sagen Sie möglicherweise: „Schön für diese Menschen! Ich *bin* aber kein lebensmutiger Mensch. Ich habe nun mal Angst und trage auch nicht dieses Grundvertrauen in mir, dass ich alles, was im Leben auf mich zukommt, schon irgendwie packen kann. Ich krieg ja schon die Krise, wenn ich mal Zahnschmerzen habe – wie soll ich denn dann mit einer chronischen Krankheit, die dazu vielleicht auch noch sehr schmerzhaft ist, fertigwerden? Und wenn ich irgendwann einmal meinen Partner oder gar ein Kind verlieren sollte – das mag ich mir gar nicht ausmalen! Ich würde mir mit so einem Satz nur etwas vormachen. Für mich stimmt er nicht."

Ein stabiler Grund

Das mag zunächst richtig sein. Aber auch, wenn Sie per se kein lebensmutiger Mensch sind, haben Sie dennoch die Chance, etwas von dieser „Ich-werde-mit-allem-fertig"-Haltung zu ergattern. Warum?

Zum einen, weil *jeder*, der mit Gott rechnet, die Zusage hat, dass Gott ihm die erforderliche Stärke gibt, das Leben zu bewältigen. Der Apostel Paulus beschreibt in einem seiner Briefe diese „Ich-werde-mit-allem-fertig"-Stärke (Brief an die Philipper, Kapitel 4) und sagt dann: *„Denn alles ist mir möglich durch*

Christus, der mir die Kraft gibt, die ich brauche" (Vers 13). Heißt: Er findet den Grund für die Überzeugung, mit jeder nur erdenklichen Situation im Leben zurechtzukommen, nicht in sich selbst (denn auch er war jemand, der sich selbst eher als „schwach" beschrieben hätte), sondern *außerhalb* seiner selbst. In einem sehr stabilen und absolut verlässlichen „Außerhalb": nämlich in Jesus Christus selbst! *Sein* „Du-wirst-mit-allem-Fertig", das er uns zuspricht, schließt sogar unsere größte Angst mit ein, nämlich die Angst vor Sterben und Tod. Damit werden wir nämlich wirklich nicht mehr fertig! Aber Jesus Christus wurde selbst mit dem Tod fertig und hat ihn überwunden. Durch ihn können wir sogar diese letzte, für uns alle sehr angstbesetzte Hürde nehmen, aber auch alle anderen Hürden, die uns auf dem Weg dorthin in die Quere kommen.

„Ich werde mit allem fertig!" ist tatsächlich ein sehr starker und befreiender Satz! Denn er bedeutet, dass Sie nicht mehr ständig alles kontrollieren und dann dafür sorgen müssen, dass alles *gut* und in Ihrem Sinne läuft, sondern Sie können loslassen. Sie können ganz angstfrei dem Leben, Situationen und Menschen entgegengehen und schauen, wie sich die Dinge entwickeln. Denn egal, *wie* das Leben sich gestalten wird, Sie werden damit fertig!

Angst durchschauen und Angst verwandeln

Darüber hinaus haben Sie die Möglichkeit, zu üben und auf diesem Weg in den Satz „Ich werde mit allem fertig" hineinzuwachsen, auch wenn er Ihnen nicht mit in die Wiege gelegt wurde. Dafür ist es notwendig, dass Sie auch hier wieder den Angstablauf durchschauen.

Unsere Angst redet uns ein, wir müssten uns lang und breit mit dem Schrecken, der eventuell auf uns zukommt, auseinandersetzen. Am besten, indem wir uns in die Szenerie so richtig hineindenken und hineinfühlen. Erst dann, so sagt sie, seien wir gut vorbereitet. Um dieses Ziel zu erreichen, sucht sie sich ihren liebsten Verbündeten: die Sorge. Sorge ist Angst, die sich Gedanken macht.

Angst schwächt

Am besten gehen Sie jetzt mit Ihrer Angst wieder in den Dialog und hinterfragen ihre Argumentation. Stimmt das, was sie sagt? Hilft es wirklich, uns unsere Befürchtungen bis ins Detail vorzustellen? Sind wir dann besser gewappnet? Können wir dadurch etwas verhindern oder gar die Zukunft beeinflussen? Wohl kaum! Im Gegenteil! Durch eine Vorwegnahme der Situation und der dazugehörigen Gefühle versetzen wir unseren Körper und unsere Psyche in permanente Alarmbereitschaft und erhöhen das allgemeine Stressniveau. Wenn es dann tatsächlich zu dem Befürchteten kommt, sind wir nicht besser, sondern eher schlechter dran, weil wir schon ziemlich viel Energie im Vorfeld verpulvert haben. Da die meisten Horrorszenarien aber gar nicht oder zumindest nicht *so* eintreffen, haben wir unser Hier und Jetzt unnötig belastet.

Deswegen die gute Nachricht: Sie brauchen sich vorweg gar nichts auszumalen, und Sie *sollten* es auch nicht tun! An dieser Stelle müssen wir unserer Angst wirklich klare Grenzen setzen. Denn sie liebt es, die Büchse der Pandora zu öffnen und sämtliche Schreckensszenarien über uns auszukippen. Das sollten wir ihr nicht gestatten!

Angst lässt real werden, was wir befürchten

Ein weiteres Argument gegen das „Stell-dir-bloß-mal-Vor" der Angst ist das verhängnisvolle Phänomen der sich selbst erfüllenden Prophezeiung (bekannter unter dem englischen Wort „self fulfilling prophecy").

Damit ist Folgendes gemeint: Wir glauben, dass etwas eintrifft, ja, wir erwarten und prophezeien es und verhalten uns dann automatisch und unbewusst so, dass unsere Erwartungen tatsächlich in Erfüllung gehen können. Denn es gibt eine Wechselwirkung zwischen Erwartungen, Verhaltensweisen und ihren Auswirkungen, deren Mechanismen ganz unbewusst ablaufen.

Stellen Sie sich vor, Sie sind nachts mit dem Auto auf einer baumbestandenen Landstraße unterwegs. Plötzlich schießt Ihnen der Gedanke durch den Kopf: Hoffentlich komme ich nicht von der Straße ab und rase gegen einen Baum. Sogleich kommen Ihnen Bilder in den Sinn von völlig demolierten Autos, die an solch einem Baum kleben, von schwerverletzten Fahrern und von Holzkreuzen am Straßenrand.

Wenn es Ihnen jetzt nicht gelingt, Ihre Gedanken wieder in gute Bahnen zu lenken, werden Sie immer unsicherer, bremsen an manchen Stellen plötzlich ab oder fahren unnötig langsam, sodass die Autos hinter Ihnen zu riskanten Überholmanövern ansetzen. Das heißt: Ihre Erwartungsangst erzeugt ein Verhalten, welches das Unfallrisiko tatsächlich erheblich hinaufsetzt.

Oder: Sie stehen vor einer Prüfung und reden sich ständig ein, dass Sie sowieso unpünktlich sein werden, weil zuvor „irgendwas" passiert, Sie die Aufgabenstellung nicht verstehen werden und die Zeit nicht reichen wird. Durch Ihre Erwartung programmieren Sie sich schon im Vorhinein auf Misserfolg. Wenn Sie die Prüfung dann endlich antreten (wahrscheinlich haben

Sie vorher vor lauter Hektik Kaffee über die frischgewaschene Hose gekippt oder Ihren Autoschlüssel verlegt, sodass die Zeit tatsächlich knapp wurde), sind Sie ein einziges Nervenbündel und haben sich durch Ihre Erwartungsangst so blockiert, dass Sie keinen klaren Gedanken mehr fassen können.

Oder: Sie haben Angst, von anderen abgelehnt, nicht gemocht oder schlimmstenfalls sogar gemobbt zu werden. Wenn Sie nun in eine Gruppe kommen, sind sie durch diese Erwartungsangst extrem unsicher, verhaspeln sich beim Sprechen, sind fahrig und ungeschickt, reden viel zu viel oder verstummen ganz, um ja nichts Falsches zu sagen. Sie werden zum „Mauerblümchen“ oder umgekehrt – wenn Sie eher offensiv reagieren –, biedern sich an und sind dabei unangenehm distanzlos. In jedem Fall inszenieren Sie, gemäß Ihrer Erwartung, Situationen und Verhaltensweisen, derentwegen Sie dann tatsächlich abgelehnt werden. Durch Ihre Erwartungsangst, ungeliebtes Opfer zu werden, haben Sie sich wie ein Opfer verhalten und sind es schlussendlich auch geworden.

Was wir uns einreden, wird eben ganz schnell zur Wahrheit, die wir in uns tragen. Eine Wahrheit, die wir bewusst oder unbewusst ständig durch unser Verhalten bedienen. Am Ende sagen wir dann: „Siehste, hab ich doch gleich gewusst ...!“

Kein guter Mechanismus, der da durch unsere Angst in Gang gesetzt wird. Und genau das können wir der Angst sagen, wenn sie uns weismachen will, es sei realistisch und vernünftig, sich im Vorhinein so viel wie möglich mit dem, was passieren *könnte*, zu beschäftigen.

Angst hat etwas Wichtiges nicht bedacht

Und noch etwas können Sie der Angst entgegenhalten, wenn sie versucht, Ihnen das Durchdenken von Horrorszenarien schmackhaft zu machen: Menschen in Krisensituationen und Ausnahmezuständen haben oft viel mehr Fähigkeiten, etwas auszuhalten, zu ertragen, zu kämpfen oder sich anzupassen, als das im „Normalzustand" der Fall ist. Diese Fähigkeiten entwickeln wir aber tatsächlich erst dann, wenn es so weit ist. Viele sagen rückblickend: „Ich weiß auch nicht, wie ich diese schlimme Situation bewältigt habe, aber irgendwie ging es, und die Kraft war da. Und nicht nur das: Selbst in dieser schweren Zeit gab es manches, an dem ich mich freuen konnte, und Situationen, die mein Leben hell gemacht haben." Aus dieser Erfahrung anderer Menschen können Sie lernen und darauf vertrauen, dass auch Sie die erforderlichen Kräfte und Kompetenzen haben werden, wenn das Befürchtete tatsächlich eintreffen sollte! Diese Erfahrung bestätigt auch der gerade zitierte Satz aus der Bibel. Wir werden von Christus die Kraft erhalten, die wir in den jeweiligen Situationen brauchen. Dann, wenn es so weit ist. Und so viel, wie wir *dann* brauchen.

Ein wesentlicher Schritt zu einer lebensmutigen „Ich-werde-mit-allem-fertig"-Haltung ist also, sich die Vorgehensweise und Argumentation der Angst bewusstzumachen, sie anzuschauen und ihre Unsinnigkeit zu enttarnen. Dann können wir aktiv daran mitarbeiten, dass wir lebensmutiger werden. Auch wenn wir uns nicht zu den lebensmutigsten Menschen zählen, so können wir doch durch Einsicht (dass unsere Denk- und Verhaltensmuster an manchen Stellen wenig hilfreich sind) und Einüben neuer Denkmuster lebensmutiger *werden*. Wir können die Fähigkeit, durch unsere Erwartungen unser Leben mitzugestalten, zum *Guten* einsetzen und unsere Angst dadurch verwandeln. Wenn wir sowieso nicht wissen, was die Zukunft uns bringt, was spricht denn dagegen, etwas *Gutes* zu erwarten?

Warum sollten die Chancen, dass Schlechtes eintrifft, größer sein, als dass die Dinge gut laufen?

Sodann können wir kleine Schritte auf die Angst zu machen und schließlich mitten durch sie hindurchgehen. Haben wir uns der Angst gestellt, sie durchgestanden und etwas getan, wovon sie uns unsinnigerweise abhalten wollte (eine Rede vor einer größeren Gruppe, ein längst überfälliger Arztbesuch, eine Reise, die wir schon lange einmal machen wollten ...), sind wir stärker geworden und vor der nächsten Herausforderung deutlich ... lebensmutiger!

Angst und ihr Gewinn

Aha, so denken Sie jetzt vielleicht, das klingt ja alles ganz logisch und nachvollziehbar! Motiviert machen Sie sich auf, um Ihre Ängste zu überwinden und lebensmutiger zu werden – und spüren in sich auf einmal einen großen Widerstand. Vom Kopf her wissen Sie nun, dass unangemessene Ängste Ihnen nur schaden. Aber irgendwie fällt es Ihnen trotzdem unendlich schwer, Ihre Ängste tatsächlich loszulassen. Woran liegt das?

Neben dem, dass wir Gewohntes und Vertrautes immer gerne beibehalten und uns schwer damit tun, Neues einzuüben, könnte der Grund auch darin liegen, dass Sie durch Ihre Angst einen Gewinn haben. Sie glauben's nicht? Dann schauen Sie doch mal hin!

Ich kann nicht!

Die Angst erlaubt Ihnen nämlich zu sagen: „Ich kann nicht!“, statt: „Ich will nicht." Sie können damit die Verantwortung für Ihr Leben von sich selbst weg Richtung Angst verschieben.

„Ich würde meinen Führerschein gerne nachmachen, aber meine Angst vor der Prüfung ist einfach zu groß!"

„Ich würde mich ja dieser Gesprächsgruppe anschließen, aber die Angst, dass die mich nicht mögen, überwiegt!"

„Ich würde mich gerne für den Job bewerben, aber ich habe viel zu viel Angst, den Anforderungen nicht gewachsen zu sein."

„Ich würde mich ja aus dieser unguten Beziehung lösen, aber ich habe große Angst vor dem Alleinsein."

„Ich würde ja ...", so sagen Sie, „... aber ich kann ja nicht, weil ich so viel Angst habe."

Wie praktisch! Sie müssen sich dem Leben und seinen Anforderungen nicht stellen – denn dann haben Sie ja dummerweise sofort die Angst am Hals. So können Sie sich vor manch einer Herausforderung und der damit einhergehenden Veränderung drücken.

Andere müssen sich um mich kümmern!

Die Angst ermöglich Ihnen aber auch, manches durchzusetzen, was Sie auf normalem Wege nicht durchsetzen können (vielleicht glauben Sie auch nur, Sie könnten es nicht).

Ein Beispiel: Sie leiden darunter, dass Ihr Partner oder Ihre Kinder Sie so oft allein lassen. Alle haben neben dem Job noch mehrere Ehrenämter, aufwändige Hobbys, und der wöchentliche Besuch im Fitnessstudio darf auch nicht fehlen. So haben Sie sich Partnerschaft und Familienleben nicht vorgestellt!

Aber anstatt Ihre Bedürfnisse an dieser Stelle klar und eindeutig zu formulieren, Kompromisse auszuhandeln und sich auf diesem Weg in guter Weise durchzusetzen, gehen Sie in den Rückzug und leiden still vor sich hin. Sie schaffen es auch nicht, einen alternativen Weg zu beschreiten, beispielsweise *selbst* aktiv zu werden, sich einen Job zu suchen, sich einem Verein anzuschließen, Freundschaften zu pflegen und Unternehmungen zu tätigen. Nein, Sie ... leiden lieber. Und „auf einmal" entwickeln Sie eine unerklärliche Angststörung. Sie *können* mit einem Mal nicht mehr für längere Zeit allein bleiben, weil Sie dann leider ... wahnsinnige Angst bekommen. Und wenn Sie einkaufen gehen oder mit dem Auto fahren, bekommen Sie Panikattacken. Heißt: Ihr Partner oder Ihre Kinder *müssen* sich jetzt mehr Zeit für Sie nehmen und Dinge mit Ihnen zusammen tun. Alternativ könnten Sie sich auch irgendeine andere psychische oder psychosomatische Erkrankung anschaffen. Sie sind ja nicht dumm, sondern äußerst raffiniert, und wissen Ihre Schwäche zugunsten Ihrer Ziele einzusetzen!

Wenn Ihr Partner oder Ihre Kinder Sie lieben und Ihr Ergehen diesen Menschen sehr am Herzen liegt, tappen sie jetzt in die Falle und werden sich in Zukunft rührend um Sie kümmern. Es sei denn, sie durchschauen Ihre gewiefte Vorgehensweise und weigern sich, dieses Spiel mitzuspielen.

Die Angst erlaubt Ihnen also, keine Verantwortung für Ihr Handeln und Ihre Entscheidungen übernehmen zu müssen und *trotzdem* ganz heimlich Ihre Ziele durchzusetzen. Na, wenn das kein Gewinn ist!

Ich habe das Leben im Griff!

Darüber hinaus suggeriert Ihnen die Angst ein Gefühl von Kontrolle. Angst führt, wie wir gesehen haben, dazu, dass wir uns Sorgen und Gedanken über die Zukunft machen. Und dadurch meinen wir, Unberechenbares und Unkontrollierbares in den Griff zu bekommen. Auch das ist ein (vermeintlicher) Gewinn! Wenn Sie nun Ihre Ängste und Sorgen loslassen und das

Grübeln über das „Was-ist-Wenn“ einstellen, gleicht das einer Kapitulation vor der Unwägbarkeit des Lebens.

Kontrolle und die Illusion eigener Machbarkeit loszulassen ist immer schwer! Sie werden aber merken: Wenn Sie sich auf diese Kapitulation einlassen und sich eingestehen, dass Sie den Verlauf des Lebens nicht kontrollieren können, gleicht das einem Befreiungsschlag. Endlich loslassen! Endlich das Grübeln, Sorgen und Ängstigen einstellen *dürfen*! Endlich können Sie einfach nur lebensmutig in die Zukunft schauen und abwarten, was das Leben bringt.

Heften Sie sich den Bibelvers aus dem 1. Petrusbrief übers Bett, an den PC und an den Spiegel: *„Überlasst all eure Sorgen Gott, denn ER sorgt sich um alles, was euch betrifft“* (Kapitel 5, Vers 7). Dieser Vers erinnert Sie daran, dass Gott es ist, der sich kümmert. Sie können daher loslassen und sich ganz unbeschwert Ihrem Tagesgeschäft widmen!

Verwandeln Sie Ihre Ängste in ein Gebet, und bringen Sie Gott all das, was Ihnen so viel Angst und Sorge bereitet. Corrie ten Boom, eine niederländische Widerstandskämpferin, die Deportation und Leben im Konzentrationslager Ravensbrück überstand, sagte: *„Mut ist Angst, die gebetet hat.“* Durch das Gebet können sich unsere Ängste tatsächlich in Lebensmut wandeln!

Angst ist also nicht umsonst. Angst warnt uns bei herannahender Gefahr und kann uns – wenn wir ihre Sprache verstehen – Wichtiges über uns selbst und das Leben lehren. Lassen wir uns darauf ein, dann können wir deutlich lebensmutiger werden!

Wenn wir darüber hinaus entlarven, wo sie uns in die Irre führt, übertreibt oder schlichtweg unsinnig ist, weil wir das Morgen nicht überblicken und erst recht nicht kontrollieren können, dann bringt sie uns mit Gott in Kontakt. Dann sind wir angekommen bei dem, der im Tiefsten unseren Lebensmut begründet.

Jetzt mal Klartext!

Lebensmutig kommunizieren

Große Aufregung im Wald! Es geht das Gerücht um, der Bär habe eine Todesliste erstellt. Die Tiere des Waldes fragen sich, wer wohl alles auf dieser Liste stehen mag.

Als Erster nimmt der Hirsch allen Mut zusammen, geht zum Bären und fragt ihn: „Entschuldige, Bär, eine Frage: Stehe ich auch auf deiner Liste?" Der Bär holt einen Zettel aus seinem Pelz und sagt nach einem kurzen Augenblick: „Ja, Hirsch, du stehst auf meiner Liste." Voller Angst dreht sich der Hirsch um und läuft weg. Und tatsächlich, nach zwei Tagen wird er tot aufgefunden.

Die Angst bei den Waldbewohnern steigt immer mehr, und die Gerüchteküche auf die Frage, wer denn nun auf der Liste steht, brodelt.

Dem Wildschwein reißt als Nächstes der Geduldsfaden. Es macht sich auf, den Bären zu suchen und ihn zu fragen, ob es auch auf der Liste steht.

„Ja, auch du stehst auf meiner Liste", antwortet der Bär. Verschreckt verabschiedet sich das Wildschwein vom Bären – um zwei Tage später ebenfalls tot aufgefunden zu werden.

Von diesem Tag an brechen Angst und Panik bei den Waldbewohnern aus.

Nur der kleine Hase macht sich noch einmal auf den Weg, den Bären aufzusuchen. Schlotternd steht er vor ihm und stellt ihm die alles entscheidende Frage: „Hey, Bär, mmh, steh ich auch auf deiner Liste?" Der Bär schaut auf seine Liste und brummt: „Ja, auch du stehst auf meiner Liste!"

„Kannst du mich vielleicht streichen?", fragt der Hase.

Da antwortet ihm der Bär: „Ja klar, kein Problem!"
(Verfasser unbekannt)

Was unterscheidet den Hasen von den anderen Tieren? Der Hase nimmt sein Schicksal nicht hin und kapituliert, sondern er nutzt seine Fähigkeit zu kommunizieren und äußert lebensmutig (und das ist er in dieser Situation wirklich!) sein Anliegen. Mit dem überraschenden Ergebnis, dass sein Schicksal einen anderen Verlauf nimmt als das der anderen Tiere.

Eine klare und gute Kommunikation ist tatsächlich unendlich wichtig für ein gelingendes Leben. Dagegen berauben wir uns durch Rückzug oder ein Nicht-Ansprechen der Themen, die für uns wichtig sind, vieler Möglichkeiten, unser Leben in gute Bahnen zu lenken und unser Potenzial auszuschöpfen. Denn andere können ja nicht in uns hineingucken oder wissen, was wir wollen und brauchen. Aber genau diese Erwartung haben wir häufig. Der andere muss doch *merken*, dass es mir gerade nicht gutgeht, dass ich gestresst bin, dass er mich verletzt hat, dass ich müde bin oder mich langweile!

Genauso gut könnte man auch von dem Bären etwas mehr Empathie erwarten. Er muss doch *merken*, dass alle Tiere vor Angst schlottern, und könnte ihnen von sich aus das Angebot machen, sie von seiner Todesliste zu streichen. Aber kein Bär kommt auf so eine Idee! Warum auch? Der Bär will natürlicherweise *seine* Ziele durchsetzen und handelt in *seinem* Interesse. Das Einzige, was dem Hasen hilft, ist die Bereitschaft, für sich selbst und seine Bedürfnisse Verantwortung zu übernehmen und seinen Wunsch klar und eindeutig zur Sprache zu bringen.

Kommunikationsfähigkeit ist auch für das Gelingen zwischenmenschlicher Beziehungen nötig. Theoretisch wissen wir das, dennoch gibt es gerade in diesem Bereich jede Menge Störfelder im Miteinander. Das gilt besonders häufig für die Kommunikation zwischen Mann und Frau.

2015 befragte Parship in einer unabhängigen Online-Erhebung gemeinsam mit dem Marktforschungsinstitut Innofact AG 1040 Personen zwischen 18 und 65 Jahren zum Thema Kommunikation in der Partnerschaft. Das Ergebnis: Deutschlands Paare scheitern in erster Linie an der Kommunikation!

Bei der Hälfte der Befragten kommt es in mindestens jedem dritten Gespräch zu Missverständnissen. Bei jedem fünften Paar (18 Prozent) kommt es sogar bei mehr als jeder zweiten Unterhaltung zu solchen Unstimmigkeiten. Am häufigsten knirscht es in der Beziehung, wenn es darum geht, Entscheidungen zu fällen (42 Prozent) oder Aufgaben zu erledigen (36 Prozent).

Aber nicht nur in der Partnerschaft ist das der Fall, sondern auch zwischen Eltern und Kindern oder anderen Familienmitgliedern, zwischen Kollegen, Freunden und Nachbarn kommt es zu solchen Missverständnissen, die dann handfeste Konflikte nach sich ziehen. Man hat sich einfach nicht verstanden!

Lebensmutige Menschen gehen bei schwierigen Themen nicht in den Rückzug, sondern nutzen ihre Fähigkeit zur Kommunikation, um eigene Standpunkte und Anliegen verständlich zu machen, Unklarheiten zu beseitigen und Missverständnisse aufzuklären. Sie übernehmen Verantwortung für ihr Leben und kleiden ihre Bedürfnisse und Bitten in Worte. Dabei achten und respektieren Sie die Andersartigkeit des anderen sowie abweichende Wahrnehmungen und unterschiedliche Ansichten. Sie benutzen ihre Kommunikationsfähigkeit nicht, um andere anzugreifen oder niederzumachen, sondern dazu, andere zu verstehen und sich selbst verständlich zu machen und zu positionieren. Statt trennende Mauern zu errichten, bauen lebensmutige Menschen durch ihre Kommunikationsfähigkeit Brücken, die helfen, Unterschiedlichkeit zu verbinden und ein gutes Miteinander zu gestalten.

Hase und Bär unterwegs

Sommerurlaub 2016. Mein Mann und ich reisen mit dem Wohnmobil drei Wochen durch Südfrankreich. Einfach himmlisch! Blühende Lavendelfelder, duftende Pinienwälder, zerklüftete Bergregionen mit glasklaren Seen und Gebirgsbächen, malerische Dörfer und schließlich die Cote D'Azur. Freiheit und Zeit für Zweisamkeit.

Fast perfekt – wäre da nicht das klitzekleine Problem, dass mein Mann und ich in Sachen körperlicher Belastbarkeit und Leistungsfähigkeit gänzlich unterschiedlich sind. Seit mich die Wechseljahre in der Zange haben, schlafe ich nachts extrem schlecht, wache oft auf oder bin schon in aller Herrgottsfrühe (eigentlich noch mitten in der Nacht) wach und finde nicht mehr in den Schlaf zurück. Was zur Folge hat, dass ich tagsüber oft müde und schlapp bin und spätestens mittags mein Pulver verschossen habe. Da ich beruflich meine Zeit frei einteilen kann, gönne ich mir im Alltag eine Mittagspause mit einem Nickerchen. Das reicht, um gut durch den Nachmittag und Abend zu kommen.

Aber nicht so, wenn ich mit meinem Mann im Urlaub bin! Frisch und ausgeruht springt er morgens aus dem Bett und beginnt spätestens nach dem Frühstück voller Tatendrang den Tag zu planen: Wir könnten ja erst einmal mit dem Wohnmobil ein Stückchen weiterfahren. Dabei kämen wir an einem wunderschönen Städtchen vorbei, das einige Sehenswürdigkeiten zu bieten hätte, die wir uns anschauen könnten. Wenn wir dann später am Tagesziel angekommen seien, sollten wir geschwind eine Kleinigkeit essen und uns dann zu einer mehrstündigen Wanderung durch die wundervolle Bergregion aufmachen – so seine Worte. Mittagspause? Fehlanzeige!

Allein beim Zuhören klappe ich schon innerlich zusammen und komme noch mehr ins Schwitzen, als ich es ohnehin schon tue. Von mir aus könnten wir am Vormittag etwas Beschauliches unternehmen, etwa einen Stadtbummel oder einen (kleinen!) Spaziergang. Aber dann hätte ich liebend gerne erst einmal einen Liegestuhl, auf dem ich vor mich hin dösen und den fehlenden Nachtschlaf nachholen könnte. Von mir aus auch ein Buch in der Hand. Alles – nur nicht den ganzen Tag ohne jede Pause auf den Beinen sein!

Das Problem: Ich möchte ihm nicht sagen, wie es mir mit seinen Vorschlägen geht. Der eine Grund ist der, dass ich nicht als alte, wechseljahrsgebeutelte Frau rüberkommen möchte, der jede Spritzigkeit und Energie abhandengekommen sind. Ich will, dass mein Mann eine lebens- und unternehmungslustige Frau an seiner Seite hat. Aber so, wie ich derzeit drauf bin, entspreche ich ganz und gar nicht diesem Ideal!

Der andere Grund ist der, dass ich um die Umtriebigkeit meines Mannes weiß. Er liebt es gar nicht, sinn- und zwecklos auf Liegestühlen herumzuhängen, in der Gegend rumzugucken und die Seele baumeln zu lassen. Er muss etwas tun, Ziele erreichen und etwas wegschaffen. Auch im Urlaub! Ihn nun auszubremsen und ihm zuzumuten, dass er mal für zwei

Stunden seine Umtriebigkeit drosseln und auf mich Rücksicht nehmen muss, fällt mir unglaublich schwer. Mir fällt es ja schon schwer, mich selbst und meinen derzeitigen Zustand (anders kann man das wirklich nicht nennen!) anzunehmen. Und mich damit noch anderen zuzumuten ist ... doppelt schwer!

Also sag ich nichts und ziehe mit zusammengebissenen Zähnen sein (!) Tagesprogramm durch. Mein Mann verhält sich gänzlich unempathisch und ganz „bärig". Handelt ganz in seinem Interesse und setzt seine Ziele durch. Die ersten Tage hilft mir die Freude darüber, dass ich meinem Idealbild entsprechend die junge, dynamische Frau gebe, über manchen Tiefpunkt hinweg. Aber es dauert gar nicht lange, da beginnt die Wechseljahrsfrau in mir zu meckern: „Langsam reicht's! Schließlich ist das auch *dein* Urlaub! Kann dieser Mensch nicht *einmal* ein bisschen Rücksicht nehmen? Der weiß doch, dass du dir die Nächte um die Ohren schlägst! Dann kann er sich ja wohl auch denken, dass du tagsüber nicht in Topform bist!"

Missmutig und völlig geschafft, stapfe ich neben diesem nimmermüden Menschen her und werde immer wortkarger.

Aber er merkt ... nichts!

Ich mache dezente Andeutungen über meinen „Zustand". Aber außer einem mitfühlenden Blick und einem ebensolchen Händedruck ... nichts!

Ich erzähle von meiner Freundin, die mit ihrem Mann im Urlaub stundenlang am Pool liegt und liest ... nichts!

Im Gegenteil! Kopfschüttelnd sagt der Mensch neben mir: „Nee, den ganzen Tag nur rumliegen und lesen, das wär nix für mich!"

Ich verdrehe die Augen. Die Wechseljahrsfrau fängt jetzt auch noch an zu schwitzen und wird langsam zickig. Sie stichelt ein bisschen und lästert über Männer, die sich immer irgendwas beweisen müssen. Mokiert sich über oberflächliche Menschen, die ständig etwas tun müssen, weil sie Ruhe und Inwendigkeit gar nicht aushalten können. Stichel, stichel.

Aha! Jetzt endlich tut sich etwas! Leider nicht das Erwünschte und Erwartete. Der Mann neben mir fühlt die feinen Nadelstiche und zieht sich zurück. Er weiß anscheinend nicht, was mit mir los ist (komisch!), und wird vor lauter Verunsicherung nun ebenfalls immer missmutiger und wortkarger.

Nach ein paar Tagen liegt über unserem Miteinander eine dunkle Wolke. Wir reden nur noch wenig, und zärtliche Blicke oder Gesten werden schon längst nicht mehr ausgetauscht. Aber ich beharre weiterhin darauf, dass er doch von *sich* aus empathischer sein und Rücksicht auf mich nehmen könnte. Er muss doch etwas *merken*! Eigentlich bräuchte er nur sagen: „Schatz, ich weiß ja, dass du nachts so schlecht schläfst. Ich denke, dir täte eine Mittagspause gut, damit du genug Schlaf abbekommst und dich gut erholen kannst. Wir sollten das bei unserer Tagesplanung berücksichtigen", und ich würde ihm sofort um den Hals fallen. Und durchaus auch mehr als das!

Ich komme schließlich zur Vernunft, weil ich merke, dass es *so* nicht geht. Außerdem will ich unsere kostbare Urlaubszeit nicht mit solchen Kinkerlitzchen verplempern. Deshalb gebe ich mir einen Ruck und spreche das Thema an.

Und dann geht die Geschichte ganz hasenmäßig aus. Ich schildere meinem Mann das Problem und formuliere klar und eindeutig meinen Wunsch für unseren Urlaub: „Ich kann jetzt unmöglich die ganzen Ferien hindurch von morgens bis abends so ein Programm durchziehen. Ich schlafe nachts sehr wenig. Deswegen brauche ich mittags eine Pause und möchte einen Mittagsschlaf halten."

Und der Bär? Der hält sich an das Drehbuch und sagt doch tatsächlich: „Klar, kein Problem!"

Gut und verständlich zu kommunizieren ist – wie man an dieser Begebenheit sieht – gar nicht so einfach. Vielleicht können uns die folgenden Impulse helfen, dass wir auch in diesem Bereich lebensmutiger werden.

Ich habe innere Klarheit

Lebensmutig kommunizieren heißt: Ich bin mir über meine Wünsche und Bedürfnisse im Klaren!

Denn nur dann kann ich sie ausdrücken. Dafür muss ich mich selbst gut kennen und in einem guten Kontakt zu mir stehen.

Manchmal ist es ganz einfach, unseren Bedürfnissen auf die Spur zu kommen: „Ich habe Hunger, und deswegen möchte ich jetzt etwas essen." Das ist simpel!

Komplizierter wird es, wenn jetzt noch ein zweiter Wunsch dazukommt, der mit dem ersten im Widerstreit liegt (und das kommt sehr häufig vor!):

„Ich habe Hunger, und deswegen will ich jetzt etwas essen. Ich will aber *auch* abnehmen und möchte deswegen jetzt *nichts* essen." In *mir* und zwischen meinen Wünschen besteht bereits ein Konflikt.

Ähnlich ging es mir im Urlaub: Ich wollte Ruhe haben, aber *auch* eine unternehmungslustige, energiegeladene Frau sein. Beide Wünsche kollidierten miteinander und fochten in mir einen heftigen Kampf aus.

Wenn ich nun nicht in der Lage bin, diesen inneren Konflikt zu lösen oder ihn zumindest zu benennen und mir einzugestehen, nehme ich dieses ungelöste Thema mit in die Kommunikation. Dann kann es ganz schnell passieren, dass ich diesen Konflikt nach außen, in Richtung des anderen verlagere. Ich projiziere meinen Unmut, der aufgrund *meiner* inneren Zerrissenheit vorhanden ist, auf den anderen, erkläre *ihn* zum Gegner und gehe gegen ihn vor.

Mein Mann hatte ja gar nichts von mir gefordert. Sicher, man hätte in der von mir geschilderten Situation etwas mehr Empathie von ihm erwarten können. Dennoch: Niemals würde er sagen: „Mensch, reiß dich mal ein bisschen zusammen!“, oder Ähnliches. Nein, die Forderung, topfit zu sein, saß bereits in *mir*. Ich kämpfte mit dem Anspruch und Idealbild in *mir*, hatte diesen Kampf aber in unsere Beziehung verlagert.

Wenn wir diese Zusammenhänge nicht erkennen, dann sind wir in der Auseinandersetzung mit dem anderen unangemessen aggressiv, reagieren über und verkomplizieren das Ganze. Denn wir belasten die Kommunikation mit einem Thema, das *da* eigentlich gar nicht hingehört!

Ich bin o.k.

Lebensmutig kommunizieren heißt: Ich nehme mich selbst, meine Wünsche und Bedürfnisse ernst, werte sie nicht direkt ab, sondern setze mich konstruktiv mit ihnen auseinander.

Zum Beispiel:

Ich habe den Wunsch, heute Abend um acht ins Bett zu gehen, weil ich müde bin.

Ich möchte etwas essen, weil ich hungrig bin.

Ich habe den Wunsch, am Wochenende etwas zu unternehmen, weil mir langweilig ist.

Ich habe das Bedürfnis nach Gesellschaft, weil ich einsam bin.

Ich habe den Wunsch nach einer beruflichen Veränderung, weil ich mich in meinem Job unter- oder überfordert fühle.

Und das ist o.k.!

Werte ich das, was ich brauche und wünsche, direkt ab, dann nehme ich mich sofort zurück und überlasse dem anderen das Feld. Das macht auf Dauer bitter und leistet einem „Immer-die-anderen-und-ich-nie"-Lebensgefühl Vorschub. Wir fühlen uns ständig benachteiligt und jammern uns leidend durch das Leben.

Nein, unsere Bedürfnisse und Wünsche sind zunächst einmal nicht unwichtiger und erst recht nicht schlechter als die der anderen. Sie stehen gleichwertig neben dem, was andere möchten und wünschen.

Erst dann, wenn die Wünsche beider Seiten gleichermaßen ernst genommen werden und auch in unserer Wahrnehmung gleichwertig nebeneinanderstehen, können wir in den Prozess des Abwägens und der konstruktiven Auseinandersetzung einsteigen. Das ist nötig, denn wir leben ja nicht allein auf der Welt, sondern müssen uns mit anderen und *ihren* Wünschen und Bedürfnissen arrangieren.

Zum Beispiel:

Ich bin müde und möchte heute früh ins Bett gehen, *aber* meine Freundin möchte, dass ich heute Abend bei ihrer Vernissage dabei bin.

Ich habe den Wunsch nach einer beruflichen Veränderung, *aber* der Rest der Familie möchte nicht umziehen.

Mehrere gleichwertige Wünsche stoßen hier aufeinander. Jetzt kann entweder der eine oder der andere seinen Wunsch zugunsten des Miteinanders zurückstellen, es muss ein Kompromiss gefunden werden, oder man muss (zumindest in dieser Sache) getrennte Wege gehen. Anders geht es nicht!

Eine konstruktive Auseinandersetzung mit unseren Wünschen braucht es aber auch, weil nicht nur gute und lebensförderliche Wünsche in uns stecken („So, wie der mich provoziert, würde ich dem Kerl am liebsten eine reinhauen“)! Deswegen wäre es natürlich fatal, wenn wir jeden Wunsch und jedes Bedürfnis auf Gedeih und Verderb umsetzen wollten. Hier müssen wir gegebenenfalls unsere Wünsche und Bedürfnisse erziehen und sie in ihre Schranken weisen. (Mehr dazu in dem Kapitel „Bis hierher und nicht weiter“).

Zum anderen *lässt* sich nicht jeder Wunsch erfüllen. Beispielsweise kann der Wunsch nach beruflicher Veränderung vielleicht momentan nicht oder nicht exakt *so* umgesetzt werden, weil es keine adäquaten Stellenangebote gibt. Wenn wir das nicht akzeptieren können, reiben wir uns ständig an der Realität wund und tun uns damit *auch* keinen Gefallen.

Ich für mich und du für dich

Lebensmutig kommunizieren heißt: Jeder übernimmt Verantwortung für sich selbst und die Gestaltung seines Lebens und erwartet nicht, dass der andere diese Verantwortung übernimmt.

Wenn ich mich in einer Situation unwohl fühle, verärgert, enttäuscht oder unzufrieden bin, dann ist es *meine* Verantwortung, mein Empfinden zu kommunizieren, um eine Veränderung der Situation herbeizuführen. Sicher ist ein einfühlsamer Umgang mit anderen Menschen wünschenswert (da hat so manch ein Bär etwas zu lernen!) und sorgt für ein harmonisches Miteinander. Dennoch: Es ist nicht in erster Linie die Aufgabe des anderen, meinen Gemütszustand zu erspüren, zu thematisieren und die Ursache aus der Welt zu schaffen. „Er/sie liest mir jeden Wunsch von den Augen ab", ist ein romantisches Ideal, das gerade Frauen oft im Kopf herumschwirrt und entsprechende Wunschbilder und Sehnsüchte nährt. Wer aber in Beziehungen dauerhaft diese Erwartung hat, der verschiebt Verantwortung, begibt sich selbst in eine passive Opferhaltung und bürdet dem Gegenüber eine unerträgliche Last auf. Auf Dauer wird das nicht gutgehen!

Aber auch derjenige, der gegenüber anderen keine „Erfüll-mir-meine-Wünsche"-Erwartung hat, sich aber dennoch immer in sein Schneckenhaus zurückzieht, trägt Verantwortung. Denn wer seine Gefühle, Gedanken und Wünsche nicht mitteilt, trägt eine Mitschuld daran, dass Missverständnisse und Konflikte entstehen. Verstanden werden und sich verständlich machen kann nur der, der redet. Wie sagt der Volksmund so schön? Nur sprechenden Menschen kann geholfen werden!

Ich bleibe bei mir …

Lebensmutig kommunizieren heißt: Ich bringe meine Wünsche, Ansichten und abweichenden Meinungen als Ich-Botschaft hervor.

Wenn jeder auf diese Weise für sich selbst Verantwortung übernimmt, geschieht es fast automatisch, dass wir in einem

Meinungsaustausch in erster Linie von *uns selbst* und *unseren* Gedanken und Gefühlen sprechen. Das nimmt vielen Konflikten den Wind aus den Segeln oder lässt sie gar nicht erst entstehen. Denn der Fokus liegt dann nicht darauf, den anderen und seine Meinung zu verändern, sondern das auszudrücken, was *ich* denke, was *ich* fühle und was *ich* brauche.

Kehren wir noch mal in unser Wohnmobil zurück. Abgesehen davon, dass ich auch hier viel zu lange vor mich hingeschmollt habe, ist es mir am Ende ganz gut gelungen, meinen Wunsch nach mehr Ruhe klar, eindeutig und als Ich-Botschaft zum Ausdruck zu bringen. Aber das Ganze hätte auch anders ablaufen können. Zum Beispiel so:

Ich ärgere mich unsäglich über die fehlende Empathie meines Mannes. Dabei ist das Objekt meiner Gedanken der *andere,* denn ich betrachte *ihn* als den Grund und die Ursache für mein Unwohlsein:

„Immer denkt er nur an sich und hat nur seine Wünsche und Bedürfnisse im Kopf!"

„Zu einer Partnerschaft gehört doch auch, dass man den anderen im Blick hat!"

„Wenn er mich wirklich lieben würde, dann würde er mich und meine Bedürfnisse auch mal wahrnehmen und nicht immer nur seine eigenen!"

Je länger ich diese Gedanken in mir kreisen lasse, umso verärgerter, missmutiger und unglücklicher werde ich. Der Grund für meine seelische Schieflage? Natürlich der andere! Aber genau genommen ärgere *ich* mich. Durch meinen unproduktiven Gedankenkreislauf mache ich mir selbst das Leben schwer.

Irgendwann platze ich und kann nicht mehr an mich halten. Das, was ich mir vorher zigmal gedanklich gesagt habe, werfe ich nun *ihm* vor:

„Immer denkst du nur an dich und hast nur deine Wünsche und Bedürfnisse im Kopf!"

„Wenn du mich wirklich lieben würdest, dann würdest du mich und meine Bedürfnisse auch mal wahrnehmen und nicht immer nur deine eigenen!"

Immer noch liegt der Fokus bei dem anderen. Ich bin Opfer, er ist Täter. *Er* macht mich unglücklich, und demzufolge bin ich in der Kommunikation darauf fokussiert, dass *er* sein Verhalten verändert. „Du solltest ...", „Du musst ...", „Warum machst *du* ...?", „Kannst *du* nicht weniger ...?" – alles zielt darauf ab, dass der andere sich ändert, damit meine Bedürfnisse erfüllt werden.

Aber mal Hand aufs Herz: Wie realistisch ist diese Erwartung? Wie groß sind unsere Chancen, den anderen zu verändern und durch sein verändertes Verhalten selbst wieder glücklicher und zufriedener zu werden?

Viele Vorwürfe, die wir dem anderen machen, beziehen sich ja nicht auf eine konkrete Handlung („Du bringst nie den Müll raus!"), sondern auf das Wesen des anderen, auf Persönlichkeitsmerkmale und Charaktereigenschaften („Du bist immer so unsensibel und denkst immer nur an dich!"). Wenn wir bedenken, wie schwer es uns selbst fällt, unser grundsätzliches So-Sein zu verändern, wie groß sind dann wohl die Chancen, den anderen in diesen tiefliegenden Schichten zu verändern? Sehr gering! Ich begebe mich mit meinem „Du musst dich verändern, damit ich glücklich sein kann" also in eine Schlacht, die für mich von vorneherein verloren ist.

Darüber hinaus zieht mein Angriff in erster Linie Abwehr, Gegenangriff oder Verteidigung nach sich und erzeugt nicht, wie vielleicht von mir erhofft, Verständnis und Annäherung. Es geht jetzt ausschließlich darum, wer von uns beiden der Stärkere ist und wer die besseren Argumente hat. Es geht um

Sieg oder Niederlage. Wenn ich Pech habe, muss ich mich geschlagen geben, weil der andere, wodurch auch immer, mir als Gegner in der Kommunikationsschlacht überlegen ist. Wenn ich Glück habe, gehe *ich* als Sieger hervor. In dem genannten Beispiel hieße das: Mein Mann sieht ein, dass er unsensibel und rücksichtslos war.

Erleichtert atme ich auf. Aber ist die Schlacht jetzt wirklich gewonnen? Nicht unbedingt! Denn der Fokus liegt nach wie vor beim anderen, und ich mache damit meine Zufriedenheit immer noch vom Verhalten des anderen abhängig. Aber der ist ein unsicherer Kandidat! Denn Veränderungen im Verhalten und erst recht in den tieferen Schichten unserer Persönlichkeit vollziehen sich ja, wie schon gesehen, nicht von jetzt auf gleich, sondern, wenn überhaupt, nur sehr zögerlich. Heißt: Die Wahrscheinlichkeit, dass mein Mann innerhalb unseres dreiwöchigen Sommerurlaubs in einen hochsensiblen Menschen mutiert, ist mehr als unwahrscheinlich. Frustration und Enttäuschungen sind somit vorprogrammiert.

Wie viel besser ist es, wenn ich einfach bei mir bleibe und mich aktiv dafür einsetze, dass mein Leben zu meiner Zufriedenheit abläuft. Dann kann ich sagen (das ist mir im genannten Beispiel ja auch tatsächlich geglückt):

„Ich fühle mich im Moment sehr unwohl, weil mein grundlegendes Bedürfnis nach Ruhe und ausreichend Schlaf nicht gestillt ist. Ich brauche auch im Urlaub eine Mittagspause, in der ich mich ausruhen kann."

Der Fokus liegt jetzt bei mir. Ich spreche davon, wie es *mir* geht und was *ich* brauche. Ich greife den anderen nicht an und mache ihn auch nicht für den Missstand in meinem Wohlbefinden verantwortlich. Ich erkenne: Dass meine Bedürfnisse nicht erfüllt sind und ich mich deswegen so unwohl fühle, ist in erster Linie *mein* Thema. Und damit bin ich auch in erster Linie dafür verantwortlich, dass dieser Zustand sich wieder verändert. Deswegen spreche ich nur von mir.

Da der andere sich nicht angegriffen fühlt und auch nicht in die Rolle des Verursachers und Schuldigen gedrängt wird, kann man nun recht sachlich überlegen, was es zu tun gilt. Entweder passt sich einer dem anderen vollständig an (mein Mann akzeptiert durchweg diese einstündige Mittagspause, oder ich verzichte für die Zeit des Urlaubs darauf), wir handeln einen „Mal-so-mal-so"-Kompromiss aus, oder wir gehen (in dieser Sache) getrennte Wege (während ich schlafe, unternimmt er in der Mittagspause etwas allein).

In unserem Urlaub lief es schlussendlich auf die letzten beiden Optionen hinaus.

„Ich bleibe bei mir" ist auch die beste Methode, um in einer Auseinandersetzung souverän zu bleiben. Solange wir in einem Kräftemessen von Argumentation und Gegenargumentation gefangen sind, kann der andere mich durch bessere Argumente verunsichern und mir den Boden unter den Füßen wegziehen. Im Laufe eines solchen Gesprächs habe ich immer mehr das Gefühl, „falsch" zu sein, kein Recht auf meine Wünsche zu haben, und gebe schließlich zutiefst verunsichert nach. Vielleicht schäme ich mich sogar, dass ich so bin, wie ich bin.

Bei dieser Vorgehensweise ist alles in mir darauf aus, bei dem anderen Verständnis für mich und meine Wünsche zu wecken. Ich möchte so gern, dass er mit mir einverstanden ist!

Nun ist es durchaus wichtig, sich dem anderen zu erklären, damit er die Chance hat zu verstehen („weil ich nachts schlecht schlafe, brauche ich eine Mittagspause"). Erklärungen sind wie

Schmieröl in einer guten Kommunikation. Dennoch kann ich nicht erwarten, dass der andere *mag*, was ich tue. Bei dem ständigen Versuch, dem anderen gute und wohlwollende Gefühle bezüglich meines Handelns zu „machen", vergeude ich viel Energie. Es wäre schön, wenn er einverstanden ist, aber er muss es nicht sein. Dass ich tagsüber müde bin und eine Mittagspause brauche, darf mein Mann blöd finden. Das ist doch sein gutes Recht! Es ändert aber nichts daran, dass ich diese Pause brauche und mich verantwortlich dafür einsetzen werde, dass dieses Bedürfnis gestillt wird. In meiner Kommunikation mache ich deutlich, dass ich gut für mich sorgen werde.

Ich bin kein Opfer mehr, sondern beanspruche lebensmutig, dass *ich* der Gestalter meines Lebens bin.

... und bin dir dennoch zugewandt

Lebensmutig kommunizieren heißt: Ich bleibe dem anderen emotional zugewandt, auch wenn ich in der Sache anderer Meinung bin und auch entsprechend handle.

Einem anderen Menschen emotional zugewandt zu bleiben, auch wenn wir einen gegensätzlichen Standpunkt vertreten, ist nicht leicht. Entsprechende Taten folgen zu lassen, gut für uns selbst und die Erfüllung unserer Bedürfnisse zu sorgen, ohne aggressiv zu werden oder umgekehrt in den Rückzug zu gehen, ist noch viel schwerer.

Frauen tun sich an dieser Stelle besonders schwer und können einiges von Männern lernen. Männer können „Sache" und „Person" in der Regel etwas leichter auseinanderhalten. Da wird heftig und kontrovers diskutiert, und danach geht man ein Feierabendbierchen zusammen trinken. Frauen tendieren dazu, „Sache" und „Person" zu vermischen. Sie fühlen sich in einer Auseinandersetzung viel schneller als ganze Person verletzt und lehnen dementsprechend dann auch den anderen als ganze Person ab. Beleidigt zu sein, zickig zu reagieren und zu intrigieren (typisch frauliches Verhalten in Konfliktsituationen) dient ja nicht dazu, sich in der Sache vom anderen abzugrenzen, sondern die/den andere(n) in der Gesamtheit seiner Person zu treffen.

Und noch etwas macht es gerade Frauen häufig schwer, gegen eine Sache, aber *für* eine Person zu sein: Wenn Frauen sich abgrenzen und eine (für das Gegenüber) unangenehme Entscheidung treffen, dann haben sie aufgrund ihres erhöhten Harmoniebedürfnisses häufig ein schlechtes Gewissen. Dieses löst dann innere Konflikte aus (*weil* sie eben alles in einen Topf werfen). Diese inneren Konflikte entladen sich später in der Beziehung, vor allem in besonders engen Beziehungen wie Partnerschaft oder Freundschaften.

Aber lebensmutig sein heißt: Ich darf sein, die ich bin, und darf Ansichten und Überzeugungen haben, die zu mir passen. Ich darf diese ohne schlechtes Gewissen vertreten und da, wo es um meine Lebensführung geht, auch angemessen zu meinem Wohl umsetzen. Nur weil ich mich in diesem Punkt abgrenze, muss ich nicht grundsätzlich eine Mauer zwischen dem anderen und mir hochziehen. Nein, ich kann freundlich, herzlich, zärtlich, zuvorkommend und zugewandt bleiben. Auf diese Weise verhindere ich, dass sich ein einzelner sachbezogener Konflikt wie ein Krebsgeschwür in die ganze Beziehung frisst und diese zerstört.

Ich achte dich

Lebensmutig kommunizieren heißt: Ich achte und respektiere die Andersartigkeit des anderen und bringe ihm Wertschätzung und Wohlwollen entgegen.

Ich darf sein, die ich bin, aber der andere darf ebenfalls sein, der er ist. Ich verstehe ihn vielleicht nicht, und ich sehe manches anders, dennoch ist der andere ein wertvoller, von Gott geliebter Mensch. Das bedeutet auch, dass ich ihm mit Wohlwollen begegne. Heißt: Ich will für ihn und unsere Beziehung Gutes. Deswegen *versuche* ich wenigstens, den anderen zu verstehen und nachzuvollziehen, wie er zu seiner Denk- und Lebensweise gekommen ist, und verurteile diese nicht bereits im Vorhinein. Das impliziert, dass ich ihm nichts unterstelle und in das, was er sagt, auch nichts hineininterpretiere. Wenn ich sein Reden oder Handeln fragwürdig finde und darüber sprechen möchte, kann ich meine Beobachtung mitteilen, ohne sie direkt zu bewerten.

„Ich nehme wahr, dass du sehr viel zu tun hast und abends immer später von der Arbeit heimkommst. Mir würde es helfen, wenn du mir den Grund dafür nennen könntest", klingt ganz anders als: „Es ist total ätzend, dass du abends immer erst so spät nach Hause kommst. Anscheinend ist dir die Arbeit wichtiger, als Zeit mit mir zu verbringen."

Abgesehen davon, dass dieser Satz sehr angriffig formuliert ist, packe ich in meine Aussage direkt eine Bewertung (es *ist* ätzend) und eine Unterstellung (die Arbeit *ist* dir wichtiger) hinein. Und das, bevor der andere die Chance hatte, seine Beweggründe zu nennen. Damit ist ein Streit vorprogrammiert. Wie oft habe ich schon erlebt, dass ich eine ungute Konfrontation vermeiden konnte, weil ich erst einmal den anderen zu Wort kommen und sein Verhalten erklären ließ.

Es gibt nichts Gutes, außer man tut es

Lebensmutig kommunizieren heißt: Ich will!
Es gibt viele gute Kommunikationsmodelle. Die Gewaltfreie Kommunikation (GFK) liefert z.B. ganz wertvolle Hilfen für eine gelingende Verständigung. Genauso Friedemann Schulz von Thun (deutscher Psychologe und Kommunikationswissenschaftler), der mit seinem Kommunikationsquadrat und vielen anderen Erkenntnissen ebenfalls wichtige und sehr praxisrelevante Anleitungen zu diesem Thema anbietet (Buchtipps siehe Anhang).

Hilfestellung gibt es also genug, und wer will, kann hier ganz viel lernen und üben.

Wenn ich in mein Leben hineinschaue und auf Situationen blicke, in denen ich kein gutes Kommunikationsverhalten an den Tag gelegt habe, stelle ich aber fest: Es lag nicht an fehlendem Wissen, sondern an meinem Nichtwollen. Tritt ein Konflikt auf, dann gerate ich nämlich ganz schnell in Rage, und meine Emotionen schlagen Purzelbäume. Dann

- *will* ich den anderen und seine dämliche Einstellung gar nicht verstehen und erst recht nicht den Schulterschluss mit ihm suchen,
- *will* ich ihn angreifen,
- *will* ich seine dünne Stelle und seinen wunden Punkt treffen, um ihn schachmatt zu setzen,

– *will* ich ihn verletzen,
– *will* ich ihn bearbeiten und alles dransetzen, ihn und seine Einstellung zu verändern,
– *will* ich beleidigt sein und in den Rückzug gehen oder
– *will* mich, koste es, was es wolle, durchsetzen!

Kurz: Ich will's dem anderen mal so richtig zeigen!

Manchmal hilft es, wenn ich mich dann kurzzeitig aus der Situation ausklinke, tief durchschnaufe und mich auf das besinne, was ich *eigentlich* will. Das Eigentliche ist in diesem Fall meine Grundüberzeugung, dass mir und dem anderen mit einer wertschätzenden und guten Kommunikation mehr gedient ist, als wenn ich aus dem Bauch heraus loslege und dabei viel Porzellan zerschlage. Oder umgekehrt, mich schweigend zurückziehe und den anderen auflaufen lasse.

Deswegen muss ich mir meine Gefühle vorknöpfen, mit ihnen in den Dialog treten, sie beruhigen und ihnen zeigen, wo's jetzt langgeht.

Dass ich diese Schritte gehe, beginnt, wie sooft, mit der Entscheidung, dass ich überhaupt etwas verändern will. Will ich das gar nicht, ist alles für die Katz!

Also: *Will* ich meine Beziehung zum Partner, zu den Eltern, Kindern oder anderen Familienmitgliedern, zu Kollegen, Nachbarn usw. auf diesem Weg verbessern? Oder will ich in meinem eingefahrenen Kommunikationsmuster, mit entsprechenden Ergebnissen, bleiben?

Wenn Sie Veränderung wollen, können und müssen Sie anfangen zu üben. Anders geht's nicht. Es ist noch kein Meister vom Himmel gefallen, auch kein Kommunikationsmeister! Von mir selbst weiß ich, dass das harte Arbeit ist. Manchmal gelingt es, aber oft genug scheitere ich. Dann muss ich mich beim anderen entschuldigen und sagen: „Tut mir leid, dass die Emotionen mal wieder mit mir durchgegangen sind und ich dich angefahren und verletzt habe." Dann muss ich wieder neu ansetzen und weiter üben.

Geht man als Gruppe oder Paar in eine Beratung, dann übt man *miteinander* Neues ein, und jeder arbeitet (mehr oder weniger) an seinem Kommunikationsverhalten. Das ist eine gute Voraussetzung dafür, dass Veränderung gelingt.

Häufig muss man aber alleine loslegen, weil der andere gar kein Interesse an solch einer Veränderung hat. Dann kann es durchaus sein, dass er bei dem Modell Angriff und Gegenangriff, Sieg oder Niederlage bleibt und nicht auf Ihre veränderte Art des Kommunizierens eingeht.

Jetzt müssen Sie Zähigkeit beweisen und um Ihrer selbst und Ihrer eigenen Überzeugung willen am Ball bleiben. Und das ist dann wirklich lebensmutig!

Denn lebensmutige Menschen zeichnen sich dadurch aus, dass sie, auch wenn das Gegenüber nicht mitspielt, bei dem Guten bleiben, das sie erkannt haben. Wie heißt es in der Bibel? *„Lass dich nicht vom Bösen besiegen, sondern besiege das Böse durch das Gute"* (Römer 12, Vers 21)!

Was für eine Herausforderung und was für ein lebensförderlicher Ansatz ist das!?

Also lassen Sie uns das Gute tun und auch ein gutes Kommunikationsverhalten einüben!

Hilfe, ich muss mich entscheiden!

Lebensmutig Entscheidungen treffen

Ein anstrengender Tag liegt hinter mir. Ich musste in aller Herrgottsfrühe aufstehen und in einem entlegenen Städtchen Deutschlands einen Vortrag halten. Nach einer langen Rückfahrt nutzte ich am frühen Nachmittag die Gunst des schönen Wetters und putzte endlich einmal wieder unsere Fenster, die nach dem letzten halbherzigen Regen mit einer gelblichen Schicht Birkenpollen bedeckt waren. Danach schrieb ich noch schnell einen Artikel zu Ende, weil der Abgabetermin mir im Nacken saß, telefonierte lange mit einem unserer Kinder und kochte zum krönenden Abschluss des Tages noch ein leckeres Abendessen (o.k., ich geb's zu: *Kochen* ist etwas übertrieben. Gefriertruhe und Mikrowelle waren nicht ganz unbeteiligt). Nachdem ich die Küche in Ordnung gebracht und den Geschirrspüler gefüttert habe, sinke ich nun ermattet auf die Couch, befinde, dass es für heute reicht, und angle nach Fernsehzeitung und Fernbedienung.

Der Tatort mit den netten Münchner Kollegen Batic und Leitmayr kommt mir gerade recht und garantiert einen (ent-)spannenden und unterhaltsamen Fernsehabend.

Aber halt – da ist noch eine äußerst interessante Politsendung über ein derzeit sehr brisantes Thema. Würde mich *auch* sehr interessieren und täte meiner Allgemeinbildung sicher gut. Schließlich will ich über die Geschehnisse in dieser Welt auf dem Laufenden bleiben!

Dann ist da aber *auch* noch eine Sendung über Schweden, die Schönheit des Schärengartens und Porträts über Menschen, die dort ganzjährig leben. Ich liebe Schweden und seine niedlichen roten Häuschen. Und Menschen, die so ganz anders leben als ich, die interessieren mich auch!

Ich blättere weiter ... Oh, das ist ja mal *richtig* interessant! Eine Sendung über die Generation unserer Mütter und Väter, über ihr Aufwachsen, über den Krieg, den Wiederaufbau und wie sie all das gestemmt haben. Das interessiert mich auch *brennend.* Die Geschichte dieser Generation ist auch Teil meiner Geschichte, denn meine Eltern gehörten noch zu ihnen. Und so hat vieles, was sie prägte, auch mich noch direkt oder indirekt beeinflusst!

Langsam werde ich kribbelig. Die Zeit läuft, und ich muss mich endlich mal entscheiden!

Pure Entspannung ohne Bildungswert (sorry!) = Tatort.

Schöne Landschaftsaufnahmen mit ein bisschen Wissensvermittlung = Schweden.

Allgemeinbildung = Politsendung.

Bildung + Biographiearbeit = Mütter-Väter-Sendung.

Und jetzt?

Ein Teil in mir ruft: „Mensch, entspann dich mal. Du hast heute schon genug geleistet – jetzt lass es dir doch einfach mal gutgehen!“ Das ist die Tatortfraktion.

„Entspannen könntest du dich aber auch bei der ‚Schwedensendung‘“, sagt ein anderer Teil in mir. „Vielleicht sogar noch besser, weil es da weniger Mord und Totschlag gibt, dafür aber jede Menge süßer, roter Schwedenhäuschen direkt am Wasser unter strahlend blauem Himmel.“

„Nix da“, poltert da eine laute Stimme in mir. „Wenn ich das schon höre: ‚*Entspannen!*‘ Tust ja gerade so, als hättest du heute Schwerstarbeit geleistet. Mach mal lieber was für deine Bildung.

Sonst stehst du bei der nächsten angeregten Diskussion über das Weltgeschehen wieder blöd da und kannst nichts Kluges beisteuern, weil du ... nichts Kluges weißt!"

„Genau!", meldet sich da eine weitere Stimme in mir. „Apropos *klug*: Du willst doch demnächst einen Artikel über Biographiearbeit schreiben. Da wäre es sicher *klug*, sich etwas Wissen über die Vorgängergeneration anzueignen."

Mir schwirrt der Kopf, aber ich *muss* mich jetzt entscheiden – zumindest, wenn ich fernsehen will.

Ich beschließe, dass Schweden jetzt nicht ganz so wichtig ist, weil etwas in der Art auch öfter mal gesendet wird. Und Generation Mütter/Väter? Werde ich später in der Mediathek des entsprechenden Senders nachschauen.

In den Tatort werde ich erst einmal reingucken. Vielleicht kenn ich den ja schon? Tatsächlich! Aber der war so gut, dass ich mir den glatt ein zweites Mal anschauen würde!

Also muss ein Kompromiss her: erst die Politsendung, die geht nur bis einundzwanzig Uhr. Danach wäre mein Bildungs-Ich zufriedengestellt, und ich könnte in Ruhe die zweite Tatorthalbzeit genießen.

Uff! Endlich ist die Entscheidung gefallen!

Was sich hier wie eine längere Diskussion liest, läuft in Wirklichkeit im Zeitraffer in unseren Köpfen ab. Und beileibe nicht immer so bewusst wie hier beschrieben, sondern fast immer unbewusst. Mehrmals am Tag, manchmal im Bruchteil von Sekunden, müssen wir Entscheidungen treffen. Dabei ist das genannte Beispiel natürlich eine Bagatelle. Andere Situationen, die uns zu einer Entscheidung herausfordern, scheinen uns wesentlich existenzieller:

Soll ich meinen Job kündigen und den anderen, mir angebotenen Arbeitsplatz annehmen? Soll ich (noch einmal) das Wagnis einer Beziehung eingehen?

Soll ich mein Kind auf die Realschule oder auf das Gymnasium schicken?

Soll ich das Haus verkaufen und mir stattdessen eine kleine Wohnung nehmen?

Soll ich den beruflichen Wiedereinstieg wagen oder die Kinder meiner Tochter hüten, damit *sie* arbeiten gehen kann?

Will ich in Zukunft lieber in der Stadt oder auf dem Land leben?

Muss mein Kind jetzt schon einen PC oder ein Handy haben?

Soll ich die Operation lieber in diesem oder in jenem Krankenhaus vornehmen lassen? Will ich mich *überhaupt* operieren lassen, oder ist mir das Risiko zu groß?

Soll ich mein Geld *dieser* oder lieber einer anderen wohltätigen Organisation spenden? Oder doch lieber alles in die Altersvorsorge stecken? Und wenn ja, in welche?

Soll ich studieren oder lieber eine Ausbildung machen?

Soll ich diese Beziehung, die unglaublich viel Stress und Belastung mit sich bringt, wirklich aufrechterhalten?

Soll ich die teure Fernreise buchen, oder will ich meinen Urlaub lieber wie bisher verbringen? Soll ich die Pflege meiner alt gewordenen Eltern übernehmen, oder soll ich sie ermutigen, in ein Heim zu gehen?

Fragen über Fragen, die alle früher oder später eine Entscheidung von uns fordern.

Lebensmutige Menschen haben sich die Fähigkeit angeeignet, in Entscheidungssituationen Vor- und Nachteile angemessen abzuwägen und dabei Gefühl und Verstand gleichermaßen zu berücksichtigen. Sie stehen fest in ihren Überzeugungen und schätzen bzw.

gebrauchen zunächst einmal ihren gesunden Menschenverstand. Darüber hinaus nutzen sie bewährte Informationsquellen und haben kluge Ratgeber an ihrer Seite. Deswegen werden sie nicht so schnell durch Meinungsmache und Manipulation von außen verunsichert. Sie achten das Gewohnte und Vertraute, begehen aber nicht den Fehler, „vertraut" automatisch mit „richtig" oder „gut" gleichzusetzen. Sie haben die Risiken einer Veränderung im Blick, lassen sich aber nicht von der Angst vor Neuem und Unbekanntem bestimmen, sondern vertrauen in die von Gott geschenkten Fähigkeiten, mit allem, was neu, fremd und noch unwägbar ist, fertigzuwerden.

Das macht ihr Lebensmutigsein aus, und das unterscheidet sie von Menschen, die nie über sich hinauswachsen, weil sie stets nur in den eigenen, enggesteckten Grenzen bleiben.

Die Tyrannei der Wahl

Wir leben in einer multioptionalen Gesellschaft (siehe die Fülle an verschiedenen Fernsehprogrammen, die es heute im Gegensatz zu der eher mäßigen Auswahl meiner Kindheit gibt), und die Menschen können heute so viel entscheiden wie nie zuvor. In tausenderlei Angelegenheiten der Lebensführung gibt es nicht nur *eine* Möglichkeit, sondern viele verschiedene, zwischen denen wir wählen können und müssen. Das klingt erst einmal nach großer Freiheit. Aber wirklich glücklicher und zufriedener hat es die Menschen nicht gemacht. Im Gegenteil: Psychologen sprechen von einer „Tyrannei der Wahl", die uns überfordert, Entscheidungen erschwert und zu regelrechten Lähmungserscheinungen führen kann.

Wer aus familiären oder beruflichen Gründen junge Menschen in ihrem Entscheidungsprozess in Sachen Berufswahl begleitet, kann diese Lähmungserscheinungen infolge völliger Überforderung beobachten.

Noch vor hundert Jahren hatten junge Menschen bei ihrer Berufswahl vergleichsweise wenige Optionen. Zum einen hatten die Eltern auch bei jungen Erwachsenen noch stärker das Sagen und legten vielfach die berufliche Zukunft des Sprösslings einfach fest. Dabei wurde tendenziell eher pragmatisch entschieden („Onkel Hans braucht einen neuen Gesellen, da kannst du im nächsten Jahr deine Lehre beginnen", oder: „Wir können dich nicht länger mit durchfüttern, sieh zu, dass du bald Arbeit bekommst und auf eigenen Füßen stehst!"), als dass man auf individuelle Begabungen, Vorlieben oder Befindlichkeiten Rücksicht genommen hätte. Zudem waren die Menschen lange nicht so mobil wie heute, was die Möglichkeit, deutschland- oder sogar weltweit nach Ausbildungs- und Studienplätzen zu suchen, erheblich einschränkte. Und die Fülle an verschiedenen Berufen, samt ihren Untergruppen mit äußerst abenteuerlichen und skurrilen Bezeichnungen, gab es auch noch nicht.

Oder wussten Sie, dass ein „Vision Clearance Engineer" schlicht und einfach ein Fensterputzer ist? Wissen Sie, was ein Rauwarenzurichter macht, eine Platzmeisterin, eine Wissenschaftstheoretikerin oder ein Numismatiker? Gut – ich nämlich auch nicht! (Aber es gibt diese und viele andere rätselhafte Berufsbezeichnungen auf der offiziellen Liste aller Berufe von A-Z tatsächlich!).

Kein Wunder, dass junge Leute angesichts dieser schier unübersichtlichen Vielfalt in eine Schockstarre verfallen und sich zu nichts so richtig durchringen können. Der Satz: „Ich weiß nicht, was ich nach dem Schulabschluss machen soll!", quält ja nicht nur die Eltern, sondern am allermeisten die jungen Leute selbst, auch wenn das manch einer hinter geschickt gespielter Coolnes zu verbergen sucht.

Aber nicht nur jungen Menschen, sondern auch uns Erwachsenen geht es häufig so: Die Fülle an Angeboten, verbunden mit der permanenten Aufforderung zur Selbstoptimierung, fördert die Angst, es könne doch noch etwas Besseres geben als den Weg, den wir eingeschlagen haben. Dass wir etwas verpassen, wenn wir uns auf eine Sache festlegen. Hat man sich also endlich zu etwas durchgerungen, bleibt man nach erfolgter Entscheidung dennoch unzufrieden zurück.

Social-Media-aktive Menschen sind darüber hinaus permanent in das Tun und Lassen anderer involviert. Dadurch flattern uns ständig neue Ideen und Anregungen ins Haus, wie man das Leben *auch* noch gestalten könnte. Das Leben der anderen wirkt dabei schnell interessanter und aufregender als die eigene mausgraue Wirklichkeit. Das lässt an den getroffenen Entscheidungen noch mehr zweifeln, als man es ohnehin schon tut.

Mit mir selbst im Kontakt bleiben

Ich bin der Überzeugung: Aufgrund der vielen Außenimpulse, die heute vorzugsweise durch die Medien auf uns einströmen, stehen wir in der Gefahr, den Kontakt zu uns selbst immer mehr zu verlieren. Von außen werden uns so unglaublich viele Meinungen, Optionen und Informationen zugetragen, dass wir bald gar nicht mehr wissen, was *wir* denn wirklich brauchen und was wir *eigentlich* wollen. Und das wirkt sich auf unsere Entscheidungsfähigkeit verheerend aus! Der Zeitdruck, der durch die Schnelllebigkeit der heutigen Zeit entsteht und der uns zwingt, Entscheidungen sehr zügig zu treffen, tut sein Übriges. Dadurch wächst der Eindruck: Ich entscheide gar nicht mehr selbst, sondern ich *werde* entschieden.

Nehmen wir mal an, Sie sind krank und müssen sich einer Operation unterziehen. Was tun Sie als moderner Mensch? Richtig! Sie hocken sich zu Hause vor Ihren PC und googlen stundenlang, was das Netz hergibt: die Ursache und den Verlauf ihrer Krankheit, das Für und Wider einer Operation, die Krankenhäuser mit den besten Bewertungen und welche Ärzte die modernsten und ausgeklügeltsten Operationsverfahren beherrschen. Sie treiben sich in diversen Chatrooms herum und lesen die von Halbwissen und pseudomedizinischer Kompetenz nur so strotzenden Laienbeiträge. Am Ende sind Sie völlig verunsichert. Die einzige Überzeugung, die Sie gewonnen haben, ist die, dass Ärzte durch die Bank inkompetente Stümper sind und Sie diese Operation vermutlich gar nicht oder nur mit bleibenden Schäden überleben werden. Lebensmutiger sind Sie jedenfalls nicht geworden!

Was will ich eigentlich?

Um dieser Überforderung durch zu viele Außenimpulse – die zwangsläufig zu einem Zuviel an Fremdbestimmung führen – zu entgehen, ist es hilfreich, sich bei einer anstehenden Entscheidung erst einmal auf sich selbst zu besinnen. Fragen Sie sich zunächst einmal:

Was gibt es denn in *mir* für Stimmen für oder gegen diese Sache?

Womit würde *ich* mich denn am wohlsten fühlen?

Was entspricht denn am ehesten *meinen* ureigensten Überzeugungen?

Dieser Weg hin zu uns selbst stärkt unsere Selbstkompetenz ebenso wie das Gefühl für unsere Selbstwirksamkeit.

Aber es ist nicht unbedingt der leichteste Weg. Denn er setzt einen guten Zugang zu uns selbst ebenso voraus sowie die grundsätzliche Bereitschaft, für unser Leben und unsere Entscheidungen Verantwortung zu übernehmen. Es ist nämlich ungleich schwerer zu sagen: „*Ich* habe mich dafür entschieden, und für diese Entscheidung trage *ich* die Verantwortung“, als zu sagen: „Die oder der haben gesagt, ich soll ... und deswegen mach ich das jetzt.“

Den eigenen Kompetenzen wieder vertrauen

Dieser Weg setzt auch eine gute Portion Selbstbewusstsein voraus und die Gewissheit, dass wir von Gott alles mitbekommen haben (vor allem jede Menge gesunden Menschenverstand!), um in den jeweiligen Situationen das Richtige zu tun. Ich bin der Überzeugung, dass dem so ist, auch wenn uns heute permanent etwas anderes eingeredet wird. Wir unterliegen einem regelrechten Informationszwang und können angeblich ohne all diese Informationen gar keine guten Entscheidungen mehr hinbekommen. Was für ein Unsinn! Sooo kompliziert ist das normale Leben ja nun auch wieder nicht!

Neulich sprach ich mit einer jungen Mutter, die in Sachen Kindererziehung, Frühförderung und Umgang mit Kinderkrankheiten völlig verunsichert war. Was hatte sie nicht schon alles gelesen und bereits vor der Entbindung für Seminare besucht! Sie hatte ständig Angst, etwas falschzumachen, und tat sich mit Entscheidungen bzgl. ihres Kindes unglaublich schwer.

Ich sagte zu ihr: „Meinst du nicht, dass du als Mutter alle Kompetenzen in dir trägst, um dein Kind gut zu erziehen und mögliche Fehlentwicklungen rechtzeitig zu erkennen? Deine Liebe zu deinem Kind wird dir schon den richtigen Weg weisen. So gut all die Erziehungsbücher sind – du hast von Gott Herz, Verstand und jede Menge Mutterliebe mitbekommen, um deinen Job kompetent zu erledigen und gute Entscheidungen zu treffen. Du darfst diesen Fähigkeiten voll und ganz vertrauen! Und nicht nur das: Du machst das richtig gut!"

Lassen Sie uns wieder lernen, auf all die Kompetenzen, die Gott uns für unser Leben mitgegeben hat, zu vertrauen. Das ist die wichtigste Grundlage für gute Entscheidungen!

Kluge Ratgeber

Dennoch ist es gut, in Entscheidungssituationen auch den Rat anderer hinzuzuziehen und auf ihn zu hören. Wohl dem, der solche klugen Ratgeber an seiner Seite hat! Was kennzeichnet solch einen klugen Ratgeber?

Kluge Ratgeber sind emotional nicht verstrickt

Ein kluger Ratgeber ist jemand, der absolut *für* mich ist, aber dennoch in der Sache genug emotionalen Abstand hat, um die Situation von außen zu betrachten. Deshalb sind die besten Ratgeber manchmal solche, die *außerhalb* eines Systems stehen, und nicht unbedingt die, die mit drinhängen. Sicher, derjenige, der mit ins Thema involviert ist, kennt die Situation besonders gut (auch von „innen") und kann vielleicht gerade deswegen eine besonders kompetente Einschätzung liefern. Und manch einer ist trotz seiner Nähe zum Thema fähig, die Vogelperspektive einzunehmen. Oft gelingt das aber nicht. Meist ist der Grad nahestehender Menschen an eigener Betroffenheit, emotionaler Verstrickung oder persönlichen Interessen so groß, dass man zu den Menschen, mit denen man sich sowieso über das Thema unterhält (der eigene Partner, der beste Freund/Freundin, der liebste Mitarbeiter usw.), besser noch jemanden von außen hinzuziehen sollte.

Trotz seines Abstands zum Thema ist ein kluger Ratgeber aber empathisch genug zu verstehen, wie es mir in meiner Situation geht. Er kann mir dann gerade *wegen* seines Abstands helfen, aus meinem Gedankenkarussell von Für und Wider hinauszukommen. Das ist gerade bei schwerwiegenden Entscheidungen sehr wichtig. Da sehen wir nämlich oft den Wald vor lauter Bäumen nicht! Dann müssen wir manchmal einen Schritt zurücktreten, um mit einem klaren Kopf eine ebensolche Entscheidung treffen zu können!

Wenn Sie beispielsweise mächtig Stress mit Ihrem Chef haben und überlegen, ob Sie kündigen sollen, ist der klügste Ratgeber vielleicht nicht gerade Ihr Kollege, der mit im System steckt und ebenfalls mit dem Chef über Kreuz liegt. Könnte sein, dass der auf gar keinen Fall will, dass Sie gehen, weil *er* dann zur Zielscheibe des Unmuts aus der Chefetage würde und er Ihre Arbeit, zumindest vorübergehend, miterledigen müsste. Er sieht seine eigenen Felle wegschwimmen und wird Ihnen demzufolge dazu raten, sich auf gar keinen Fall woanders zu bewerben. Oder genau umgekehrt: Er wittert die Chance, dass Ihr Posten frei wird, und wird Ihnen möglicherweise genau den entgegengesetzten Rat geben. Aufgrund seiner persönlichen Verstrickung mit dem Thema wird sein Rat vermutlich jedenfalls nicht ganz uneigennützig sein.

Kluge Ratgeber sind uneigennützig und uneingeschränkt für mich
Ein weiteres Kennzeichen eines klugen Ratgebers ist: In seinem „Für-mich-Sein“ verfolgt er eben *keine* eigenen Interessen, sondern hilft mir, herauszufinden, was *ich* jetzt brauche und welche Entscheidung für mich und mein Umfeld die beste ist. Weil er eigene Interessen an dieser Stelle zurückstellen kann, übt er keinen Druck aus und verzichtet auf Manipulation. Deswegen schwatzt ein guter Verkäufer mir auch nicht irgendein für mich unnützes und teures Zeug auf, sondern hört erst einmal hin, was ich brauche und *wofür* ich es brauche. Er wird mir dann zum Kauf der für mich passenden Ware raten, auch wenn er mit diesem Verkauf weniger Umsatz macht.

Kluge Ratgeber sind ehrlich
Und: Ein wirklich kluger Ratgeber stellt sich mir entschlossen entgegen, wenn ich ganz offensichtlich in der Gefahr stehe, mich zu verrennen und eine Fehlentscheidung zu treffen. Er redet mir nicht nach dem Mund, sondern traut sich auch, Tacheles mit mir zu reden.

Nehmen wir an, Sie sind von Ihrem Chef gefragt worden, ob Sie Ihre Stelle von einer halben auf eine ganze aufstocken können. Eigentlich ist Ihnen klar, dass Sie momentan mit drei Kindern, Haus, Hund, hilfsbedürftigen Eltern und diversen Ehrenämtern wirklich mehr als genug um die Ohren haben. Bereits jetzt sind Sie häufig am Limit, was sich unter anderem darin äußert, dass Sie Ihre Kinder viel zu oft anbrüllen, vor lauter Müdigkeit keine Lust haben, abends noch etwas mit Ihrem Partner oder Ihren Freunden zu unternehmen, und immer häufiger unter heftigen Kopfschmerzattacken leiden. Aber Sie fühlen sich geschmeichelt, weil Ihr Chef ausgerechnet Sie ausgewählt hat, die Stundenzahl zu erhöhen, und wissen auch, dass Sie damit eine einmalige Chance haben, Ihre Karriere voranzutreiben. Und der Mehrverdienst ist natürlich auch nicht zu verachten! Ein kluger Berater wird aber sehen, dass Sie bereits am Rand Ihrer Belastbarkeit sind, und Sie eindringlich mahnen, diesen Schritt gut zu überdenken. Er sieht, dass Sie Ihre Gesundheit aufs Spiel setzen und zugunsten Ihrer Karriere zunehmend soziale Kontakte vernachlässigen. Auch die Familie wird zu leiden haben. All das wird er Ihnen liebevoll, aber sehr deutlich sagen und mit Ihnen nach Alternativen oder Kompromisslösungen Ausschau halten. Denn ein guter Berater lässt Sie nicht in Ihr Unglück laufen, sondern schlägt Alarm, wenn Sie in Gefahr sind, etwas Unüberlegtes zu tun. Ob Sie allerdings auf ihn hören, liegt dann an Ihnen!

Kluger Rat in meinem Leben
Wenn ich guten Rat brauche, spreche ich mit meiner besten Freundin. Von ihr weiß ich, dass sie absolut und uneingeschränkt für mich ist, weiß aber auch, dass sie genügend emotionalen Abstand zu den Themen hat, die mich betreffen. Weder haben wir dieselbe Nachbarschaft, noch gehen wir in dieselbe Gemeinde oder laufen uns am Arbeitsplatz über den Weg. Unsere Familien kennen sich nur oberflächlich, und selbst unser Freundeskreis überschneidet sich nur geringfügig. Heißt: Mit den meisten Themen, die mich betreffen, hat sie persönlich nichts zu tun und kann mir demzufolge in Entscheidungssituationen eine wunderbare Außenansicht liefern. Dennoch ist sie sehr empathisch, nicht zuletzt, weil sie manches, was mir Not macht, auch aus ihrem eigenen Leben kennt. Aber vor allem kann ich mich bei ihr darauf verlassen, dass sie ehrlich ist und sich mir entgegenstellt, wenn ich drohe, mich zu verrennen. Damit erfüllt sie für mich alle Bedingungen für einen klugen Ratgeber!

Wollen Sie wissen, was die Bibel zum Thema „Kluge Ratgeber" sagt? Hier eine kleine Auswahl an lebensklugen Ratschlägen aus dem Buch der Sprüche und Psalmen:

„Der ehrliche Rat eines Freundes ist so angenehm wie Öl oder Weihrauch" (Sprüche 27, Vers 9).

„Nur Narren glauben, Sie bräuchten keinen Rat, weise Menschen aber hören auf andere" (Sprüche 12, Vers 15).

„Die Gottesfürchtigen geben ihren Freunden guten Rat, aber die Gottlosen führen sie in die Irre" (Sprüche 12, Vers 26).

„Der Rat eines weisen Menschen schenkt Leben; wer ihn annimmt, entkommt den Fallen des Todes" (Sprüche 13, Vers 14).

„Der Herr spricht zu mir: Ich will dir Verständnis geben und den Weg weisen, den du gehen sollst. Ich will dich beraten – mein Auge ruht auf dir" (Psalm 32, Vers 8).

Die Kosten überschlagen und den Rückzug ordnen

Viele Entscheidungen, die wir im Laufe unseres Lebens treffen müssen, sind verhältnismäßig belanglos. Manchmal müssen wir aber auch sehr radikale und folgeschwere Entscheidungen treffen. Z.B. die Entscheidung, eine Partnerschaft zu beenden, unseren Job zu kündigen oder – wie es eine mit uns befreundete Flüchtlingsfamilie getan hat – die Heimat zu verlassen und in einem fremden Land einen Neustart zu wagen.

Solche einschneidenden Entscheidungen treffen wir so gut wie nie freiwillig oder aus purer Lust an der Veränderung, sondern nur, weil unsere momentane Situation nicht länger tragbar ist und wir jetzt irgendetwas tun *müssen.*

Gerade bei solchen schwerwiegenden Entscheidungen gilt: Wenn es irgendwie geht, vermeiden Sie unüberlegte Schnellschüsse! Auch wenn die Nerven blankliegen: Bedenken Sie gründlich das Für und Wider, und überschlagen Sie die Kosten!

In der Bibel wird uns erzählt, dass Jesus viel unterwegs war, um den Menschen vom Reich Gottes zu erzählen, sie zu heilen und ihnen Gutes zu tun. In seiner „Hoch-Zeit" hatte er sehr viele Anhänger. Menschen, die von ihm fasziniert waren, die seine Geschichten liebten und spürten, dass Gott selbst mit seiner Liebe in diesem Mann anwesend war. Alles Menschen, die gerne mit ihm unterwegs waren!

Jesus hätte diese Situation ausnutzen und sagen können: „Hey, super, dass es so viele Interessenten für meine Sache gibt, denen mach ich jetzt die Sache mal so richtig schmackhaft!"

Aber genau das tat Jesus *nicht*, sondern er dämpfte den Enthusiasmus und machte den Leuten deutlich, was für Konsequenzen ein Leben mit ihm haben würde.

Immer wieder konfrontierte er sie damit, dass ein Leben mit ihm ein Lebensprogramm ist, das alles auf den Kopf stellt. Dass es nicht darum geht, sich einen frommen Anstrich und ein bisschen Religiosität zu verpassen. Dass es auch nicht darum geht, eine moralisch anspruchsvolle Lehre zu teilen, sondern darum, eine Beziehung zu ihm als Person zu haben. Eine Beziehung, die das ganze Leben nachhaltig verändert. Kurz: Es geht um eine wirklich wichtige, absolut lebensverändernde Entscheidung, wenn man mit ihm unterwegs sein will!

Das alles sagte er den Leuten immer wieder und wies sie darauf hin: „Bevor ihr diesen Schritt tut, müsst ihr vorher unbedingt die Kosten überschlagen!"

Zur Verdeutlichung gab er das Beispiel eines Mannes, der einen Turm bauen will. Eine sehr gewichtige Entscheidung, denn es ging für diesen Mann nicht bloß um ein normales Häuschen, sondern um etwas sehr Außergewöhnliches: einen Turm.

Aber bereits nach Legen des Fundamentes muss der Bauherr feststellen, dass das Geld für die Fertigstellung nicht reichen würde. Warum? Er hatte die Kosten nicht überschlagen und sich vorher nicht genug Gedanken gemacht über seine Entscheidung. Wie peinlich! Überall hatte er mit seinem Turm geprahlt – und nun das!

Ähnlich, so erzählte Jesus weiter, geht es einem König, der gegen einen anderen in den Krieg ziehen will, der sich aber auf das, was da auf ihn zukommt, nicht ausreichend vorbereitet hat. Er wird vermutlich vor der Größe des Gegners kapitulieren müssen.

Mit diesen Beispielen machte Jesus deutlich, dass es vor einer schwerwiegenden Entscheidung unbedingt notwendig ist, die Konsequenzen in aller Gründlichkeit zu überdenken (die ganze Geschichte können Sie in Lukas 14, Verse 25-34, nachlesen).

Auch für Sie gilt: Wenn Sie wichtige Entscheidungen zu treffen haben, etwas hinter sich lassen und Neues zu beginnen wollen oder müssen, sollten Sie in gleicher Weise die Kosten überschlagen. Je besser Sie vorbereitet sind, umso leichter wird es Ihnen fallen, Ihre Entscheidung durchzuziehen.

Dazu gehört auch, dass Sie, wenn möglich, keine Flucht, sondern einen geordneten Rückzug planen und durchführen. Je sortierter und geordneter Sie die Dinge hinter sich lassen, umso leichter wird Ihnen der Neustart fallen. Das gilt für die ganz praktischen Dinge des Lebens, die abgewickelt werden müssen, aber auch für Beziehungen, die beendet werden sollen.

Wann immer es geht, hinterlassen Sie geklärte Situationen

und bereinigte Beziehungen! Es ist sehr belastend, wenn wir mit offenen Rechnungen Altes hinter uns lassen und in Neues hineingehen. Das Ungeklärte schleppen wir immer mit uns herum! Es ist ein Trugschluss zu meinen: „Aus den Augen aus dem Sinn!" Das funktioniert in der Regel *nicht*. Denn das Alte, wenn es nicht geklärt und geordnet ist, haftet uns an und wird uns innerlich weiterhin blockieren.

Ich weiß, dass dieser geordnete Rückzug nicht immer möglich ist – aber wann immer es geht, sollten Sie gut hinter sich aufräumen, bevor Sie das Haus Ihres bisherigen Lebens verlassen und die Türen endgültig hinter sich verschließen.

Mit Widerstand umgehen

Dennoch: Auch wenn wir alles im Vorfeld gut durchdacht haben und uns dann mit Hilfe kluger Ratgeber endlich für etwas entschieden haben, liegt noch ein gutes Stück Arbeit vor uns. Denn nun passiert etwas, womit wir meistens nicht rechnen: In uns regt sich Widerstand, und erste Zweifel an der Richtigkeit unserer Entscheidung werden wach.

Wenn uns dieser innere Widerstand gegen das Neue überfällt, hilft es zu wissen, dass das Vertraute und Gewohnte immer eine ungeheure Anziehungskraft haben. Auch wenn rational nichts mehr für das Bisherige spricht – wir haben uns in dem, wie wir bisher gelebt haben, immerhin sicher gefühlt. An das Neue und Ungewohnte müssen wir uns dagegen erst gewöhnen. Es ist noch fremd und enthält dazu noch manche unberechenbare Unbekannte. Es ist also ganz normal, wenn wir erst einmal fremdeln und unser Inneres dem veränderten Lebensumfeld und dem neuen Weg mit Misstrauen begegnet.

Dieser Widerstand wird voraussichtlich aber auch von außen, also von anderen Menschen, kommen. Nicht jeder wird Ihre Entscheidung verstehen, geschweige denn akzeptieren können. Das entrüstete Kopfschütteln anderer auszuhalten fällt schwer, und das Nicht-Verstehen anderer Menschen kann uns sehr verletzen. Wir sind in Entscheidungsprozessen, in denen es wirklich um etwas geht, extrem dünnhäutig und sehnen uns nach Verständnis und Unterstützung. Wird uns das von unseren Mitmenschen nicht zuteil, dann sind wir äußerst frustriert.

Aber bedenken Sie: Nicht nur *Sie* benötigen dieses Verständnis, sondern Ihre Mitmenschen auch! Denn gerade sehr nahestehende Menschen werden vermutlich von den Auswirkungen Ihrer Entscheidung betroffen sein und nun ebenfalls zwangsweise mit einer veränderten Situation zurechtkommen müssen. Dass sie das nicht angenehm finden, ist doch klar! Denn *sie* haben diese Entscheidung ja nicht getroffen!

Lassen Sie Ihren Mitmenschen die Zeit, die sie brauchen, um sich an das Neue zu gewöhnen, und haben Sie Verständnis für ihr Unverständnis.

Halten Sie einfach freundlich, liebevoll, aber bestimmt an Ihrer Entscheidung fest, und die Zeit wird für Sie arbeiten: Sie selbst werden sich an die Veränderung gewöhnen und Ihre Mitmenschen nach und nach ebenfalls!

Entscheidung konkret

Entscheidungssituationen können uns Stress und manch schlaflose Nacht bereiten. Deswegen an dieser Stelle noch ein paar ganz konkrete Impulse, die mir helfen, zu guten Entscheidungen zu finden:

Den Ball flach halten

Stress ist eine denkbar schlechte Voraussetzung, um gute Entscheidungen zu treffen, denn Stress blockiert das Denken.

Für mich folgt daraus, dass ich gerade in Entscheidungssituationen alles dransetze, den Ball meiner Gedanken und Emotionen flach zu halten, um damit mein Stressgefühl zu minimieren.

Folgende „Überzeugungssätze" helfen mir dabei:

„Mach kein Drama daraus!" In der Regel geht es nicht um eine Entscheidung über Leben und Tod, sondern um solche, die man später durchaus noch korrigieren kann. Das ist dann vielleicht etwas umständlich und mit manchen Umwegen verbunden, aber möglich ist es.

„Es gibt nicht nur einen Weg!" Und wenn es in dieser Sache tatsächlich nur diesen einen, für mich wirklich guten Weg gibt, will ich darauf vertrauen, dass Gott ihn mir zeigen wird und mich nicht ins offene Messer laufen lässt. Ansonsten enthält die Aussage „Viele Wege führen zum Ziel" eine Menge Wahrheit. Das bedeutet: Wenn ich mich für A entscheide, ist das gut, wenn ich mich für B entscheide, ist das aber *auch* gut. Beides hat sein Für und sein Wider, und beide Wege beinhalten die

Chance, dass ich mich entwickle, lerne und mein Potenzial entfalte. So oder so kann ich mein Leben mit Gott gestalten!

„Fehler sind erlaubt!“ Ich habe natürlich den Wunsch, eine gute Entscheidung zu treffen. Verständlich! Es ist allemal angenehmer, nach einer Entscheidung sagen zu können: „Ich hab alles richtig gemacht und muss mir nichts vorwerfen!“, als sagen zu müssen: „Ich hab die Sache versemmelt und hätte besser eine andere Entscheidung getroffen!“ Letzteres konfrontiert mich mit meiner Begrenzung und Fehlerhaftigkeit, und das ist nicht angenehm. Aber ich will mir selbst gestatten, Fehler zu machen, und meinem Hang zu Perfektionismus und Unbarmherzigkeit mir selbst gegenüber widerstehen!

Statt mit einer Wunschvorstellung werde ich nun mit meinem realistischen Selbstbild konfrontiert und verstehe einmal mehr, dass ich nicht von meinem „Ich-mach-alles-Richtig“ lebe, sondern von der Gnade Gottes! Und er? Er schreibt auch auf meinen krummen Linien gerade!

Darüber hinaus versuche ich den Stress in Entscheidungssituationen zu minimieren, indem ich mich bemühe, ein permanentes Drehen um das Problem und die damit verbundene Entscheidung zu vermeiden. Wie ein Wollknäuel, das sich beim verzweifelten Versuch, es mit Gewalt zu entwirren, immer mehr verheddert, verheddern sich nämlich auch meine Gedanken immer mehr, wenn ich versuche, eine Entscheidung zu erzwingen.

Deswegen: zwischendurch immer mal wieder raus aus dem Thema, es bewusst loslassen (etwa an Gott mit der Bitte, dass er sich darum kümmert und Entscheidungshilfe gibt) und sich dann anderen Gedanken oder einer ablenkenden Tätigkeit zuwenden. Z.B. ein Nickerchen halten! Nichts wirkt entspannender auf ein angespanntes Inneres als ein Nickerchen oder die Nachtruhe. „Schlaf erst mal drüber", sagen wir deshalb zu Recht!

Und: Ich versuche, den Zeitdruck herauszunehmen. Es gibt Menschen, die möchten meine Entscheidung erzwingen, indem sie Druck machen. Nach dem Motto: Das musst du *jetzt* entscheiden, sonst ist die Chance vorbei (Verkäufer oder Versicherungsvertreter sind z.B. solche Kandidaten!). Diese Aussage stimmt aber selten. Die Erfahrung lehrt, dass sich Angebote so oder ähnlich durchaus wiederholen. Es gibt im Leben viele Chancen, etwas Gutes zu tun, etwas zu erleben oder zu kaufen. Auch die Aussage: „Du musst mir *jetzt* eine Zu- bzw. Absage erteilen", dient häufig nur dazu, bei mir den Entscheidungsdruck zu erhöhen und mich schnell für eine Sache herumzukriegen. Ein paar Stunden oder gar Tage Aufschub kann man bei Licht betrachtet aber fast immer aushandeln, ohne dass etwas Dramatisches passiert. Wenn ich mit meiner Entscheidung noch nicht so weit bin, muss der andere sich eben noch etwas gedulden. Das mute ich ihm jetzt einfach mal zu!

Ein Zeitlimit setzen

Dennoch ist es gut, wenn ich mir ein Zeitlimit setze. „Den Ball flach halten" und unangemessenen Zeitdruck vermeiden sind das Eine, aber irgendwann muss ich auch zum Abschuss kommen und den Ball im Tor versenken.

Ich tu mir keinen Gefallen damit, wenn ich unendlich lange auf dem Spielfeld des Lebens herumdribbel. Zeitspiel wird irgendwann bestraft. Das ist im Leben nicht anders als auf dem Spielfeld. Denn solange ich mich nicht entscheide, hält das

Thema mich gefangen, raubt emotionale Kräfte und verhindert, dass ich meine Aufmerksamkeit wieder auf andere, ebenfalls wichtige Themen richte.

Oder ich verschleppe die Entscheidung, verpasse den Absprung, versäume dann tatsächlich eine gute Gelegenheit und bringe etwas Wichtiges nicht auf den Weg.

Je nach Thema ist es also klug, sich selbst ein Limit zu setzen und zu sagen: „Bis Ende der Woche, des Monats oder des Jahres will ich entschieden haben, ob ich …"

Informieren und die Hausaufgaben machen

Ich habe die Informationsflut der heutigen Zeit sehr kritisch unter die Lupe genommen und dazu ermutigt, erst einmal bei sich selbst zu bleiben.

Was denke *ich* also zu einem Thema? Was sagt mir mein Bauchgefühl? Wenn ich all die Stimmen in mir und um mich herum, welche die Erwartungen und Meinungen anderer Menschen widerspiegeln, einmal ausblende: Was täte *ich* am liebsten?

Was ist bzgl. des Themas, das mich bewegt, meine Grundüberzeugung?

Ist meine Grundüberzeugung für mich bei Licht betrachtet (noch) stimmig, oder habe ich mich selbst an dieser Stelle schon längst überholt und vertrete *eigentlich* etwas ganz anderes?

Gibt es etwas Grundsätzliches, das Gott, unser Schöpfer, uns für dieses Thema mitgegeben hat, und wenn ja, wie sieht es aus (an dieser Stelle könnte man sich z. B. noch einmal mit den Zehn Geboten oder der Bergpredigt auseinandersetzen)?

Mit solchen fundierten Grundüberzeugungen kann ich bereits manche Vorentscheidung treffen, die dann den eigentlichen Entscheidungsprozess deutlich vereinfacht.

Dennoch geht es natürlich nicht ohne Informationen von außen. Hier gilt es, eine gute Wahl zu treffen und seriöse Quellen anzuzapfen, die mir für mein Thema fundierte Fakten und sachdienliche Informationen liefern. Und natürlich kommen hier auch die klugen Ratgeber zum Einsatz.

Zu den Hausaufgaben kann auch die bewährte Pro-und-Contra-Liste gehören, die mir beim Sortieren hilft.

Zu dem amerikanischen Erfinder und Staatsmann Benjamin Franklin kam einmal ein junger Mann, der sich nicht zwischen zwei Frauen entscheiden konnte. Franklin empfahl ihm, auf einem Blatt Papier für die jeweilige Frau eine Pro-und-Contra-Liste anzufertigen. Er solle dann die Frau nehmen, bei der auf der Pro-Seite mehr Punkte standen. Gesagt, getan! Als die Siegerin feststand, wurde dem jungen Mann aber sehr deutlich bewusst: Er wollte eigentlich genau die andere Frau!

Die Pro-und-Contra-Liste hatte sich mal wieder bewährt – wenn auch ganz anders als gedacht!

Zu der Entscheidung stehen

Kennen Sie das auch? Da hab ich mich endlich entschieden, und schon geht die Grübelei los, ob das denn *wirklich* die richtige Entscheidung war. Das kann in einem mindestens genauso quälenden Gedankenkarussell enden wie in der Zeit vor der Entscheidung.

Ich gehe damit folgendermaßen um: Eine kurze Zeit lasse ich diese zweifelnden Gedanken noch zu, weil sie mich manchmal tatsächlich auf eine Fehlentscheidung hinweisen wollen. Ist das der Fall, fühle ich mich mit der getroffenen Entscheidung so unwohl, dass mir klar wird: Das kann es jetzt unmöglich gewesen sein! Dann muss ich in den sauren Apfel beißen und versuchen, meine Entscheidung noch einmal rückgängig zu machen. Wenn andere involviert sind, muss ich Abbitte leisten und sagen: „Tut mir sehr leid, wenn ich dir dadurch Unannehmlichkeiten bereite, aber ich hab's mir doch noch einmal anders überlegt!" Das ist peinlich, aber an dieser Stelle noch möglich und in der Regel für alle Beteiligten noch zu verkraften. Auf jeden Fall ist es allemal besser, den Zug jetzt noch zu stoppen, als ihn, entgegen allen Warnhinweisen, weiter in die falsche Richtung fahren zu lassen.

Meistens ist dieser Anflug von „Hab-ich-mich-wirklich-für-das-Richtige-entschieden?" aber nur meiner Angst vor dem Neuen geschuldet sowie dem Wissen, dass ich jetzt für meine Entscheidung auch geradestehen muss. Ich hab mich ja nun festgelegt – dafür kann und wird man mich nun zur Verantwortung ziehen!

Außerdem: Dass ich mich *für* eine Sache entschieden habe, beinhaltet fast immer, dass ich mich *gegen* eine andere Sache entscheide. Und das tut manchmal richtig weh! Je nach Thema bedeutet das nun, vom Alten Abschied zu nehmen, loszulassen und zu trauern. Jetzt wird mir der Wert dessen, wo*gegen* ich mich entschieden habe, erst so richtig bewusst.

An dieser Stelle muss ich sehr aufpassen, dass ich meine Ängste vor dem Neuen in Schach halte bzw. das Alte nicht plötzlich vergolde. Da hilft es, mir die Gründe für meine Entscheidung noch einmal sehr deutlich vor Augen zu führen. Die Fleischtöpfe Ägyptens waren eben *nicht* besser, auch wenn mir meine verunsicherte Seele das jetzt weismachen will.

Durch all diese schmerzhaften Prozesse muss ich jetzt durch. Mir hilft das Wissen, dass diese Abläufe normal und notwendig sind, aber keinesfalls bedeuten, dass ich eine Fehlentscheidung getroffen habe! Deswegen verbanne ich an dieser Stelle immer wieder alle nutzlosen „Was-wäre-wenn?"-Fragen, die mich in endlosen Grübelspiralen gefangen halten, verabschiede mich von dem Thema und stelle mich positiv, erwartungsfroh und lebensmutig zu dem, was ich entschieden habe. Ich bin gespannt, wie es nun weitergeht!

Lebenswert(e)

Lebensmutig durch verlässliche Werte

2017 wurden Luther und das fünfhundertjährige Bestehen der Reformation deutschlandweit gefeiert. Dabei war es für mich naturgemäß besonders interessant zu erfahren, welche Meinungen und Einstellungen Luther zum Thema „Frau“ vertrat.

Einschlägig bekannt zu diesem Thema sind einige Zitate von ihm, die Frau von heute die Haare zu Berge stehen lassen. So schrieb er beispielsweise:

„Der Tod im Kindbett ist nichts weiter als ein Sterben im edlen Werk und Gehorsam Gottes. Ob die Frauen sich aber auch müde und zuletzt tot tragen, das schadet nichts. Lass sie nur tot tragen, sie sind darum da“ (Martin Luther, Werke, Weimarer Ausgabe Bd. 10/2, Weimar 1907, S. 296).

Und über die eheliche Pflichterfüllung schreibt er:

„Wo nun eins sich sperrt und nicht will, da nimmt und raubt es seinen Leib, den es dem andern gegeben hat. Das ist dann eigentlich die Ehe, und die Ehe ist zerrissen. Darum muss hier die weltliche Obrigkeit das Weib zwingen oder umbringen“ (Martin Luther, *Vom ehelichen Leben*, Luther-Werke, Bd.7, S. 292, bzw. WA 10,2, S. 275).

Mit solchen oder ähnlichen Meinungen stand Luther aber durchaus im Konsens mit dem im Mittelalter herrschenden Zeitgeist: Frau hat nichts zu sagen, geschweige denn irgendwelche Rechte!

Zwar hatten Edelfrauen manche Rechte (die sie aber bei genauerem Hinsehen kaum allein durchsetzen konnten), und Städterinnen oder Bäuerinnen konnten sich ebenfalls durch ihre unentbehrliche Arbeitsleistung Achtung und Mitspracherecht in Familienangelegenheiten verschaffen. Aber die Grundhaltung von Kirche und Staat gegenüber der Frau war äußerst negativ und nicht darauf ausgelegt, Frauen in ihrer Freiheit, Unabhängigkeit und ihren Kompetenzen zu fördern.

Hier eine kleine Kostprobe dieser Grundhaltung samt einer Einordnung:

„,*Frauen sind labil, führen andere in Versuchung, sind zänkisch, herrisch und stets bemüht, den Mann zu unterjochen und ihn jeder Lebensfreude zu berauben. Frauen sind für den Mann erschaffen worden und haben sich ihm deshalb zu unterwerfen. Von Natur aus minderwertig, sind sie dem Mann körperlich und geistig unterlegen.*' So und ähnlich kann frau es in den Schriften berühmter Kirchenväter des Mittelalters lesen, die ihre männlichen Schützlinge vor allzu unbedachter Annäherung an die Frauen zu bewahren suchten. Das Frauenbild der Kirche ist durch frauenfeindliche und diffamierende Schilderungen gekennzeichnet. Der Mann hingegen ist wie geschaffen dafür, ein gottgefälliges Leben zu führen. Frauen sind ungebändigt, zügellos und widerspenstig und müssen erst vom Vater und später vom Ehemann ‚erzogen' werden, um Demut und Gehorsam zu lernen" (www.das-mittelalter.de/. Beitrag: Frauen im Mittelalter, Gyburc Renewart, Berlin 1999).

Gleichzeitig war Luther seiner Zeit aber auch voraus und in seinem Verhalten gegenüber der Frau durchaus als fortschrittlich zu bezeichnen. Allein die Heirat der entlaufenen Nonne Katharina von Bora war eigentlich ein absolutes No-Go. Und Luther ist es zu verdanken, dass das Leben einer Frau als Ehefrau und Mutter ungeheuer aufgewertet wurde.

Denn er war es, der die Werte und Normen seiner Zeit anhand der Bibel überprüfte und dabei unter anderem feststellte, dass Frauen *nicht* per se sündiger sind als Männer. Damit stellte er die bis dahin geltende Denkweise auf den Kopf, welche die Frau als ein Abfallprodukt der Schöpfung sah, durch das die Sünde in die Welt gekommen war.

Luther hat also durch ein verändertes Denken und Handeln mit dazu beigetragen, dass sich ein bis dahin herrschendes Wertesystem zu wandeln begann.

Was anfangs noch zäh und schleppend lief, nahm dann in der Zeit der Aufklärung Fahrt auf. Die Menschen begannen, sich mittels Vernunft endgültig von all diesen althergebrachten, starren und überholten Vorstellungen, Vorurteilen und Ideologien zu befreien. Der Kampf für mehr Toleranz, Bildung und Bürger- bzw. Menschenrechte wurde in dieser Zeit aufgenommen. Auch die zunehmende Gleichberechtigung von Mann und Frau fand hier ihren Anfang, wenn es auch bis zum heutigen Stand der Dinge noch ein sehr langer Weg mit vielen Rückschritten war.

Beschäftigt man sich mit all diesen Entwicklungen und Veränderungen, die es im Laufe der Jahrhunderte gab, stellt man also fest, dass die zugrunde liegenden Werte und Normen der jeweiligen Epochen und Gesellschaften stark voneinander abweichen und sich permanent verändert haben.

Aber was genau sind eigentlich Werte und Normen, und was ist gemeint, wenn gerade heutzutage viel von Wertewandel, Werteverfall oder gar Werteverlust gesprochen wird?

Unter „Werten“ versteht man in der Regel moralisch gute und

erstrebenswerte Zustände bzw. Ziele Einzelner oder einer ganzen Gesellschaft, um das eigene Leben und das Zusammenleben mit den Mitmenschen sinnvoll zu gestalten.

„Normen“ sind die daraus resultierenden allgemeingültigen Verhaltensweisen bzw. situationsbezogenen Verhaltensregeln, die sich aus diesen Grundwerten ableiten.

Als einen Wert unserer Gesellschaft könnte man bspw. „Rücksichtnahme“ nennen. Hier finden gegenüber früheren Generationen zwar bereits Veränderungen statt, aber noch ist dieser Wert in den Köpfen existent. Die daraus abgeleiteten Normen, also wie man sich gemäß dieses Wertes zu verhalten hat, wären z.B.: Man bietet einem älteren Menschen im Bus einen Sitzplatz an, man mäht nicht in der Mittagszeit oder an einem Feiertag den Rasen, man schmeißt seinen Müll nicht auf die Straße, oder man bremst ab und lässt einen Fußgänger die Straße überqueren.

Verhält sich jemand entgegen dieser Norm, empfinden wir sein Verhalten als unpassend und anstößig.

Ist ein bestimmter Wert in einer Gesellschaft aber nicht mehr verankert, dann schwinden auch entsprechende Normen. Meint anhand des genannten Beispiels: Wenn der Sinn für das Gemeinwohl und damit die Rücksichtnahme gegenüber anderen immer mehr abnimmt, dann lösen sich auch die entsprechenden, bis dahin allgemeingültigen Verhaltensweisen (Normen) auf.

Werte und Normen unterliegen also einer permanenten Veränderung. Von einem Werte*verlust* oder Werte*verfall* kann man eigentlich nur in Bezug auf ganz bestimmte Werte sprechen (z.B. Höflichkeit, Treue, unkritischer und unbedingter Gehorsam gegenüber Autoritäten usw.) und nicht grundsätzlich. Denn *jede* Gesellschaft verfügt über Werte, und wenn sie sich von den einen Werten verabschiedet, entstehen ganz automatisch neue Werte.

Der Grund für diesen Wandel von Werten und Normen liegt in der Gesellschaft selbst und in den Menschen, die in ihr leben, die sie ausmachen, sie verändern und prägen. Bekommt eine gesellschaftliche oder herrschende Gruppe (an deren Spitze häufig eine charismatische Führungsperson steht, siehe Luther) größeren Einfluss, werden sich viele geltende Werte und Normen nach und nach dieser Gruppe anpassen und verändern.

Lebensmutige Menschen gehören in Sachen „Werte" zu den Trendsettern. Denn sie reagieren nicht nur durch Anpassung oder Abschottung auf einen Wertewandel, sondern gestalten ihn aktiv mit. Das tun sie, indem sie selbst sehr reflektiert leben und das, was sie als wertvoll erkannt haben, offensiv in das gesellschaftliche Leben einbringen. Lebensmutige Menschen haben ein Gespür für lebensförderliche Werte, die das Miteinander menschlicher machen.

Denn sie haben eine Ahnung davon, wie Gott sich das Leben von uns Menschen gedacht hat, wie wir uns entwickeln und entfalten können und wie das menschliche Miteinander am besten funktioniert. Gott selbst und seine Liebe zu den Menschen ist für lebensmutige Menschen wie ein innerer Kompass, nach dem sie ihre Lebenswerte ausrichten.

Auf dem Markt der Möglichkeiten

Ausgelöst durch den Individualismus, ist ein Kennzeichen der *heutigen* Zeit, dass es viele unterschiedliche Wertesysteme nebeneinander gibt und damit die zunehmende Auflösung eines für alle (oder zumindest den größten Teil unserer Gesellschaft) *verbindlichen* Wertesystems mit den entsprechenden Normen einhergeht. Sicher, Mord und Totschlag sind immer noch ein Tabu, genauso wie Stehlen, Einsatz von Gewalt zur Durchsetzung von Zielen und viele andere Dinge. Gott sei Dank haben wir diese, auch im Gesetz akribisch festgelegten Eckdaten, die gute Rahmenbedingungen für ein humanes Miteinander schaffen.

Innerhalb dieses Rahmens herrscht aber eine immer größer werdende Freiheit zur Lebensgestaltung, und der am stärksten propagierte Wert ist die Toleranz. „Soll doch jeder nach seiner eigenen Fasson glücklich werden!", so hört man immer wieder. Tendenziell entscheidet heute eher jeder selbst, was er für gut und richtig hält, als dass es von der Gesamtheit oder von „oben" vorgegeben ist.

Frau früher und Frau heute

Schaue ich mir beispielsweise das Leben von Frauen bis ins 20. Jahrhundert hinein an, dann war ihre Lebensführung relativ einheitlich, weil das vorherrschende System von Werten und Normen dazu führte, dass Frau in der Regel für die Familie lebte und sich um Haus und Hof kümmerte. Heißt: Frau hatte eine einfache Schulbildung und erlernte (wenn überhaupt) einen ebenso einfachen Beruf, der sie vielfach schon auf ihr späteres Leben als Hausfrau und Mutter und, je nach gesellschaftlichem Stand, auch auf dementsprechende Pflichten vorbereiten sollte. Es wurde früh geheiratet, viele Kinder wurden geboren, und wenn das Jüngste aus dem Haus ging, dann war das Älteste bereits so weit, eine eigene Familie zu gründen. Das hieß, Frau ging (wenn sie überhaupt so alt wurde) nahtlos in das Großmuttersein mit entsprechenden Aufgaben über und übernahm häufig zeitgleich die Pflege der alt gewordenen Eltern bzw. Schwiegereltern.

Das war das Grundkonzept fraulichen Lebens. Unterschiede in der Lebensführung kamen hauptsächlich durch den Standesunterschied zustande (ob man sich beispielsweise Dienstpersonal leisten konnte oder nicht). Natürlich gab es auch damals schon die nicht verheiratete Frau (die dann aber weiterhin bei den Eltern oder in religiösen Kommunitäten lebte) oder die studierte Frau. Das waren aber Ausnahmen.

Heute haben wir dagegen unterschiedlichste Lebensmodelle, zwischen denen wir frei wählen können.

Es gibt die allein lebenden Singlefrauen, und es gibt Frauen, die in Beziehungen (auch in gleichgeschlechtlichen Beziehungen) leben.

Davon sind manche verheiratet, manche leben ohne Trauschein zusammen.

Es gibt aber durchaus auch Frauen, die bewusst keine feste Beziehung wählen, sondern wechselnde Partner haben.

Es gibt Frauen, die Mutter werden wollen, und solche, die sich gegen Kinder entscheiden.

Von den Müttern sind manche beabsichtigt oder ungewollt als Alleinerziehende unterwegs, während andere ihre Kinder im traditionellen Familienverband großziehen.

Dieser ursprüngliche Familienverband kann dann aber „unterwegs“ aufgelöst und in eine spätere Patchworkfamilie umgewandelt werden.

Bei den Familienfrauen gibt es solche, die weiterhin arbeiten gehen, und andere, die sich zumindest zeitweise ganz der Erziehung ihrer Kinder widmen.

Es gibt Familienfrauen, die, wenn die Kinder groß sind, wieder in ihren alten Beruf einsteigen, und solche, die noch jenseits der Lebensmitte eine Ausbildung oder ein Studium absolvieren und ganz neu durchstarten.

Es gibt Frauen, die ihre alt gewordenen Eltern oder Schwiegereltern pflegen, und solche, die diese Betreuung lieber Fachkräften oder entsprechenden Institutionen überlassen.

All das (und wahrscheinlich noch ganz andere Varianten, die hier nicht genannt sind) steht heute gleich*wertig* nebeneinander und ist ausschließlich in das Belieben der Einzelnen gestellt.

Zwischen Profillosigkeit und Abschottung

Allein anhand dieser Beispiele aus dem Leben von Frauen sehen wir, wie unterschiedlich die Lebensentwürfe heutzutage sind; Lebensentwürfe, denen ganz unterschiedliche Werte und Überzeugungen zugrunde liegen.

Das bedeutet Freiheit und Verunsicherung gleichermaßen.

Die Freiheit besteht darin, dass wir heute ungleich mehr Entfaltungsmöglichkeiten in Sachen Lebensführung haben, als sie den Menschen früherer Zeiten je gegeben waren. Der Markt der Möglichkeiten ist eröffnet! Und das hat ganz viel für sich! Das Korsett von einschnürenden Konventionen (Man tut dieses und jenes nicht / Was sollen denn die Nachbarn denken? / Das gehört sich nicht! / ...) hat sich gelockert und gibt uns die Chance, gemäß unseren eigenen Überzeugungen, sprich authentisch, zu leben. Wir können unseren eigenen Weg gehen und unser ureigenstes Potenzial voll entfalten. Das Geschenk „Freiheit", das uns die heutige Zeit in unserem Land macht, können wir gar nicht hoch genug einschätzen!

Bei allem düsteren Gerede über den „Werteverlust" und „Wertewandel" in unserem Land sollten wir niemals vergessen, für die guten Grundwerte dankbar zu sein. Werte, die den Menschen bei uns weitestgehend Meinungs- und Religionsfreiheit, Rechtsstaatlichkeit, finanzielle Grundversorgung und Sicherheit gewährleisten.

Die Verunsicherung setzt dann ein, wenn wir uns durch das Fehlen eines für *alle* verbindlichen Wertesystems und der darin liegenden Freiheit überfordert fühlen. Wir sehnen uns dann nach einem klaren „Richtig“ oder „Falsch“, nach einem soliden Fundament, das uns im Leben einen festen Stand gibt, oder nach einem Geländer, das unser Leben begrenzt und schützt. Wir sehnen uns nach Verlässlichkeit, Stabilität und Klarheit. Das Leben immer wieder neu erfinden zu müssen, sich ständig neue Meinungen bilden und mit veränderten Zuständen klarkommen zu müssen ist ja auch äußerst anstrengend!

Diese Verunsicherung wird zusätzlich durch die extreme Schnelllebigkeit der heutigen Zeit verstärkt. Denn das hohe Tempo, mit dem Veränderung stattfindet, führt dazu, dass sich auch Werte und Normen extrem schnell wandeln. Was heute noch allgemein gültig ist, muss morgen schon längst keinen einheitlichen Konsens mehr finden.

Im Umgang mit dieser Verunsicherung gibt es zwei Extreme: Das eine ist eine lethargische „Ist-sowieso-alles-egal-Haltung“, die zu einer gewissen Profillosigkeit führt. Nach dem Motto: „Wenn sowieso alles egal ist und wenn es kaum noch für alle verbindliche Werte und Normen gibt, dann wurschtel ich mich halt irgendwie durchs Leben und entscheide aus der jeweiligen Situation und aus dem Bauch heraus, was ich tue.“

Wenn wir uns in dieser Weise treiben lassen, sind wir leichte Beute für jeden Mainstream, der uns mitreißen will, leichte Beute für Manipulation und Meinungsmache. Wir haben zu keinem Thema eine überzeugte Meinung, die wir engagiert und beherzt vertreten, sondern passen uns dem jeweiligen Gegenüber an und nicken das Gesagte und Gelebte freundlich ab. Dadurch fehlt es unserem Leben an Schärfe und Kontur: Wie bei einem schlechten Foto sind die Farben verwaschen und die Konturen unscharf.

Das andere Extrem ist die Abschottung, die Starrheit oder der Rückzug. Die Verunsicherung ist dann so groß, dass wir uns in unsere eigene kleine Welt zurückziehen. Wir suchen unseresgleichen auf; Menschen, die genauso denken und leben wie wir und deren Werte und Normen mit den unsrigen noch einigermaßen übereinstimmen. Das gibt uns Sicherheit, und wir müssen uns mit der Welt da draußen, in der die Menschen so ganz anders ticken als wir, nicht mehr beschäftigen.

Diese Rückzugstendenz führ dazu, dass es in unserer Gesellschaft die Existenz vieler Parallelwelten gibt, die nebeneinander, aber kaum noch *mit*einander leben. Die körperlich Kranken, die psychisch Kranken, die Alten, die Behinderten, diverse religiöse Gruppierungen mit ihren jeweiligen Glaubensüberzeugungen, die sozial Schwachen, die Reichen, die Jungen, die Migranten – jeder hat seine Nische, in die er sich zurückzieht. Wenigstens in dieser kleinen Nische gibt es noch so etwas wie Sicherheit, weil man zumindest hier noch ein „Wir“ mit ähnlichen Ansichten und Wertvorstellungen findet.

Ein Geländer für ein gutes Leben

Wer lebensmutig unterwegs sein und sich nicht einfach nur anpassen oder zurückziehen will, kommt nicht umhin, ein inneres Wertesystem zu entwickeln, das ihm hilft, unter der Vielzahl an Möglichkeiten diejenige auszuwählen, die eine gute Lebensgestaltung gewährleistet und das ihn befähigt, auch im gesellschaftlichen Miteinander gute Akzente zu setzen.

Fehlt uns neben dem äußeren aber auch noch das innere Wertesystem, dann fehlen uns im persönlichen Leben die Orientierung und feste Bezugspunkte, wir trudeln überfordert und haltlos durchs Leben; geschweige, dass wir eine positive Werteentwicklung in der Gesellschaft mitgestalten.

Wirklich erwachsen ist, wer solch ein eigenes Wertesystem nicht unbedacht von irgendwoher übernommen hat, sondern es entweder *reflektiert* übernommen oder etwas Eigenes entwickelt hat.

Sichtungskategorie als Entscheidungshilfe

Neulich las ich von einem Notfallmediziner, der als leitender Notarzt unter anderem Großeinsätze mit vielen Verletzten koordinieren muss (Großbrände, Zug- oder Busunglücke, Terroranschläge mit vielen Verletzten usw.). Er muss in solchen Situationen die Ärzte und Sanitäter vor Ort anleiten und innerhalb von Minuten eine Vielzahl von Anweisungen geben, die über Leben und Tod entscheiden. Aber genau dieses schnelle Entscheiden unter höchster Anspannung ist das Problem. Denn Stress ist eine denkbar schlechte Voraussetzung, um gute Entscheidungen zu treffen. Stress blockiert das Denken. Rationale Entscheidungen sind dann praktisch nicht mehr möglich. Wir rennen weg, schlagen um uns oder erstarren, bringen aber nichts Vernünftiges zuwege.

Damit so etwas nicht passiert, werden die Einsatzkräfte durch Übungen mit nachgestellten Katastrophenszenarien auf den Ernstfall vorbereitet. Die Szenarien werden so realistisch wie möglich und so lange durchgespielt, bis die geforderten Handlungsabläufe sitzen. Denn erst, wenn sich eine Handlung so eingeprägt hat, dass man kaum noch darüber nachdenken muss, ist sie weitgehend stressunabhängig geworden und lässt sich selbst unter größter Belastung abspulen. Je systematischer diese Handlungsabläufe sind, desto leichter sind sie erlernbar – und im Notfall abrufbar. Deswegen gibt es für Notärzte die sogenannte Sichtung. Diese Vorgehensweise wird eingesetzt, wenn die Zahl der Verletzten so hoch ist, dass es nicht genügend Helfer gibt. Nach einem festen Prioritätenschema entscheiden die Ärzte dann, wessen Behandlung Vorrang hat. Verletzte werden in die Kategorien Rot, Gelb, Grün und Blau eingeteilt.

Wer z.B. zwar blutet, aber noch herumläuft, ist vermutlich nur leicht verletzt und bekommt eine grüne Karte umgehängt.

Ein Bruch ist ernster, lässt sich aber vor Ort für eine Weile stabilisieren – der Verletzte bekommt Gelb.

Jemand, der kaum noch atmet, brauche sofort Hilfe – Rot.

Und jemand, der unübersehbar bereits im Sterben liegt, braucht „nur" noch eine abwartende Behandlung bzw. Begleitung – Blau.

Diese Vorgehensweise ist durch permanente Übung und Wiederholung im Gehirn abgespeichert und kann nun auch im größten Stress abgerufen werden. Sie ist wie ein Geländer, an dem sich die Helfer festhalten. Und sie hilft den Ärzten, selbst die schwersten Entscheidungen zu treffen, z. B. einen Menschen *nicht* zu behandeln, weil sein Tod kaum abwendbar ist, und sich stattdessen einem anderen Menschen zuzuwenden, der noch eine Überlebenschance hat. Damit wird in solchen extremen Stresssituationen nicht mehr diskutiert, sondern es ist bereits an anderer Stelle eine Vorentscheidung gefallen, auf die man nun zurückgreift.

Ein eigenes Prioritätenschema haben

Was für solche Extremsituationen gilt, können wir auch auf unser ganz normales, Gott sei Dank weitaus weniger dramatisches Leben herunterbrechen.

Gerade angesichts der vielen Möglichkeiten, die uns das Leben heute anbietet, ist es auch für uns hilfreich, wenn wir in den vielen großen und kleinen Entscheidungen, die es zu treffen gilt, durch ein eigenes, stabiles Wertesystem ein Geländer haben, an dem wir uns festhalten können. Ein Prioritätenschema, das uns so in Fleisch und Blut übergegangen ist, dass es auch unter größtem Stress noch abrufbar ist, und das uns davor bewahrt, Fehlentscheidungen zu treffen. Diskutiert wird an *dieser* Stelle dann nicht mehr.

Nehmen wir an, ich treffe einen Mann, der mich begeistert und fasziniert, und dem es mit mir nicht anders geht. Erste Funken beginnen zu fliegen, und es knistert mächtig zwischen uns. Ich bin aber verheiratet, und das in den meisten Fällen auch sehr glücklich. Bei rationalem Überlegen würde mir das auch sehr schnell wieder klarwerden. Es käme für mich gar nicht in Frage, diese gute, stabile und über Jahre gewachsene Beziehung aufs Spiel zu setzen! Aber in dem inneren Aufruhr, der nun durch das Verrücktspielen der Hormone erzeugt wird, setzt mein Hirn aus. Jetzt brauche ich etwas, was trotz dieser hormonell bedingten Stresssituation in mir abläuft und funktioniert. Ich brauche ein vorher eintrainiertes, mir in Fleisch und Blut übergegangenes Prioritätenschema. Denn auf ein „äußeres" Wertesystem, das mir jetzt Halt geben und zu einer richtigen Entscheidung verhelfen könnte, kann ich nicht zurückgreifen. Eine Affäre zu beginnen und/oder sich vom Partner zu trennen stellt heute in der Regel kein Problem mehr da. Wenn ich nun auch kein inneres Wertesystem habe, könnte es passieren, dass ich binnen der nächsten Stunden mein ganzes Leben zerlege. Aber mein tief verinnerlichtes Prioritäten- und Werteschema registriert: „Oha, die Frau ist total kopflos und nicht mehr in der Lage, eine rationale Entscheidung zu treffen!“, und übernimmt jetzt schnell die Führung. Heißt: Ehebruch = rote Karte. Damit habe ich bereits vor langer Zeit eine Vorentscheidung getroffen, die eingeprägt ist und auf die ich jetzt unbewusst zurückgreife. Diskutiert wird an *dieser* Stelle nicht mehr. Mit diesem stabilen inneren Wertesystem schaffe ich es, nicht einfach aus dem Bauch heraus zu reagieren, sondern eine gute, lebensmutige Entscheidung zu treffen: Dem kopflosen Turteltäubchen in mir drin wird die rote Karte gezeigt, und es wird samt balzendem Männchen in die Wüste geschickt!

Der eine mag solch ein fest verankertes, inneres Wertesystem als Fessel empfinden, ich nenne es mein Geländer für ein gutes Leben!

Eigene Werte entwickeln

Anhand dieses Beispiels sehen wir, dass uns ein inneres Wertesystem in unserem Leben also tatsächlich große Stabilität geben kann, in Entscheidungssituationen als Wegweiser dient und uns hilft, unseren Lebensweg stark, mutig und selbstbewusst zu gehen.

Aber woran soll sich denn unser inneres Wertesystem orientieren, und wie können wir es entwickeln?

Beobachtung und Vorbilder

Wir entwickeln unsere Werte ganz automatisch in Beziehungen und im Zusammenleben mit anderen Menschen. Unsere Eltern, Großeltern, Geschwister, Lehrer, Ausbilder, Dozenten, Trainer, Freunde, der Partner, Menschen der Vergangenheit, die wir nur aus Büchern oder Filmen kennen usw. – sie alle sind Menschen, die Einfluss auf uns und unsere Werteentwicklung genommen haben oder es immer noch tun. Weil wir ihre Meinungen gehört und ihre Art zu leben mitbekommen haben. Seien Sie an dieser Stelle ein guter Beobachter; ein Langzeitbeobachter!

Wenn Sie unter den genannten Menschen einer faszinierenden Person begegnen, mit starker Ausstrahlung, einer stabilen und reifen Persönlichkeit und einem integren Charakter – also einem Menschen, bei dem Sie ganz spontan denken: „So möchte ich sein", oder: „Das ist wirklich ein *guter* Mensch, der überall Gutes bewirkt" –, dann beobachten oder erfragen Sie die Werte, nach denen dieser Mensch lebt. Suchen Sie die Gesellschaft von solchen Menschen, oder lesen Sie Biographien von ihnen. Beobachten Sie diese Menschen, wie sie Entscheidungen treffen, wie sie sich gegenüber anderen verhalten und was das Ergebnis ihres Lebensstils ist. Jesus hat gesagt: *„Ihr seht, man erkennt sie an ihren Früchten"* (Matthäus 7, Vers 20)! Damit beantwortet er die Frage, wie man denn gute von schlechten Menschen unterscheiden kann. „Schaut in die Natur", so sagt Jesus, „da ist das Prinzip doch ganz offensichtlich." *„An Dornenbüschen wachsen keine Trauben und an Disteln keine Feigen. Ein gesunder Baum trägt gute Früchte, ein kranker Baum dagegen schlechte"* (Matthäus 7, Verse 16-17).

Menschen mit guten, lebensförderlichen Werten werden auch ein ebensolches Leben hervorbringen. Das Gute bleibt langfristig nicht verborgen, sondern ist – wenn man sich die Mühe macht, genauer hinzuschauen und hinzuhören – erkennbar. Machen Sie solche Menschen zu Ihrem Vorbild, lernen Sie von ihnen, und übernehmen Sie ihre Werte. Wir müssen das Rad ja nicht immer neu erfinden!

Das eigene Leben auswerten

Aber Sie selbst machen ja auch jede Menge Erfahrungen im Leben! Lebensmutige Menschen sind, wie wir schon verschiedentlich gesehen haben, bereit, aus diesen Erfahrungen zu lernen. Werden Sie ein Aus-Werter! Das heißt: Sie machen Erfahrungen (in der Regel ja mehrmals die gleichen), werten diese aus, ziehen daraus also die Essentials und entwickeln aus diesen Essentials einen Lebenswert, nach dem Sie in Zukunft leben wollen. Manchmal passiert das ganz automatisch, manchmal ist das mit etwas Arbeit verbunden.

Wenn Sie öfter beim Lügen oder Betrügen erwischt und in irgendeiner Form dafür bestraft werden, dann werden Sie diese Erfahrungen (hoffentlich!) aus-werten und zu dem Ergebnis kommen, dass der Wert „Ehrlichkeit“ ein guter Wert ist, nach dem es sich zukünftig zu leben lohnt.

Oder wenn Sie vor lauter Stress und „Zuviel“ ganz schusselig und vergesslich sind, Termine verschwitzen, Schlüssel verlegen usw., dann sollten Sie diese Erfahrungen ebenfalls aus-werten, wobei Sie entdecken könnten, dass „Achtsamkeit“ ein guter Wert ist, den Sie in Zukunft verstärken wollen.

Wenn Sie nach einem wunderschönen Abend mit guten Freunden wieder erfrischt und ermutigt in Ihren anstrengenden Alltag durchstarten können, dann können Sie das aus-werten und entdecken, dass „gute Beziehungen“ ein Wert sind, dem Sie zukünftig Priorität einräumen wollen.

Durch solch einen aufmerksamen und reflektierten Umgang

mit sich selbst werden Sie aus den Erfahrungen, die sie machen, gute Lebenswerte entwickeln können. Erfahrungen sind ein hervorragender Lehrmeister!

Gottes Wort als Grundlage für Werte und Normen?!

Ich habe einen Föhn, der bereits einige Monate nach seiner Anschaffung die dumme Angewohnheit bekam, während des Föhnens einfach auszugehen. Da stand ich nun mit halbseitig geföhntem Kopf, und das Teil verweigerte einfach seinen Dienst! Nachdem mir das mehrmals passiert war, hatte ich die Nase voll und beschloss, das gute Stück an den Hersteller zurückzuschicken. Zum Glück (das hat mir eine Menge Peinlichkeit erspart!) kam mir vorher die glorreiche Idee, in der Gebrauchsanleitung nachzuschauen, woran das Ganze liegen könne. Hier erfuhr ich, dass der Föhn über einen Hitzeschutz verfügt und ausgeht, wenn die Hitze sich im Gerät staut. Der Grund dafür sei meistens eine Verschmutzung des rückseitig angebrachten Gitters, durch das die heiße Luft entweichen müsse – so der hilfreiche Hinweis. Ich schaute mir das Gitter an und ... alles klar! Ich entstaubte und entfluste es, und seit ich das regelmäßig tue, läuft der Föhn wieder ohne zu mucken.

Es macht also durchaus Sinn, sich damit zu beschäftigen, was sich der Hersteller bei einer Sache gedacht hat. Ganz ähnlich verhält es sich in der Beziehung zwischen Gott und Mensch. Gott hat den Menschen gewollt und hat Sie und mich mit sehr viel Kreativität und Liebe gebildet. Als sein Ebenbild und Gegenüber geschaffen, werden wir unserem Menschsein am ehesten gerecht, wenn wir *seine* Werte verinnerlichen und umsetzen. Denn er als „Hersteller" des Menschen hat naturgemäß auch am meisten Ahnung davon, was uns guttut und was uns schadet, was uns fördert und was unser „Funktionieren“ behindert. Er weiß, welche Werte wirklich und nachhaltig *lebens*-wert sind, denn er ist der Ursprung des Lebens; das Leben selbst!

Berechtigterweise kann man jetzt fragen, woher man denn weiß, welche Werte diesem Gott entsprechen, die dann auch in unserem Leben Wirklichkeit werden und umgesetzt werden sollen. Als Christ bin ich der Überzeugung, dass uns dafür unter anderem die Bibel gegeben wurde. Sie wird auch „Gottes Wort“ genannt, weil Christen der Überzeugung sind, dass Gott sich in dem, was Menschen hier aufgeschrieben haben, ein Stück weit offenbart.

Die Bibel ist kein Gesetzbuch oder Katalog von Verhaltensregeln, sondern eine riesig große Bibliothek und ein Sammelsurium von Erlebtem mit diesem Gott.

Weltgeschichte, die Menschen mit Gott in Verbindung gebracht und in der sie ihn erlebt haben.

Erfahrungen, die sie mit ihm gemacht haben.

Umwerfende und berührende Begegnungen, die sie mit ihm hatten.

Weisungen, die sie für ihr Leben von ihm bekamen.

Ausprobiertes mit diesem Gott, das sich bewährt hat.

Lebens-wertes, das auch in Tiefen durchgetragen hat.

Und das über Jahrhunderte hinweg! Hier finden wir in Sachen Werte also keinen Schnellschuss einer einzigen Generation, sondern viel Weisheit und tiefverankertes Wissen, das Menschen aus ihrer Beziehung mit diesem Gott durch die Jahrhunderte weitergegeben haben.

Dieses tiefe Wissen gilt es herauszuschälen und in das Heute hineinzutransportieren. Denn die unterschiedlichen Autoren der biblischen Texte lebten natürlich in den zeit- und kulturbedingten Werten und Normen *ihrer* Zeit, die völlig anders waren als die eines Westeuropäers im 21. Jahrhundert. Und als Kinder *ihrer* Zeit reden sie von Gott.

Für viele ist diese Tatsache Grund genug, die Bibel als völlig antiquiert beiseitezulegen. Schade, denn wenn man sich die Mühe macht, Zeit- und Kulturgeschichte der jeweiligen Schreiber zu verstehen und durchzudringen zu dem, was Gott über alle zeitlichen und kulturellen Grenzen hinaus uns Menschen sagen will, dringt man zu grundlegenden Themen und Lebenswerten vor.

Wenn wir offen sind, sorgt Gott selbst dafür, dass wir ihn verstehen. Es gibt einen wunderschönen Bibelvers in einem der Briefe des Apostels Paulus an einen gewissen Timotheus, dessen Mentor Paulus war. Zu diesem Timotheus sagt Paulus: *„Die ganze Schrift ist von Gottes Geist eingegeben und kann uns lehren ...“* (2. Timotheus, Kapitel 3, 16a). Statt „von Gott eingegeben“ steht im griechischen Grundtext das Wort „gottgehaucht“. Das, was wir in der Bibel lesen, ist gottgehaucht und von ihm beatmet. So, wie Gott bei der Schöpfung seinen Atem in den Menschen hineinblies und dieser dadurch zu einem lebendigen Wesen wurde, so beatmet Gott auch sein Wort, um es für uns lebendig und verstehbar zu machen.

Lesen Sie in diesem Wort Gottes, und etwas von diesem Gotteshauch wird auch Sie und Ihr Leben streifen!

Als Wegweiser zum Herzen Gottes gilt für Christen aber vor allem Jesus selbst, von dem uns die Bibel erzählt, dass er auf geheimnisvolle Weise einerseits Gottes Sohn, zugleich aber Gott selbst in menschlicher Gestalt war. Sein Leben, Verhalten und Reden spiegeln deshalb aufs Anschaulichste die Grundwerte Gottes wider. Dabei hat er sich immer wieder (z.B. in der Bergpredigt) auf die Zehn Gebote bezogen und dann *den* Lebenswert schlechthin formuliert: *„Du sollst den Herrn, deinen Gott, lieben, von ganzem Herzen, mit ganzer Seele und mit all deinen Gedanken. Das ist das erste und wichtigste Gebot. Ein weiteres ist genauso wichtig: Liebe deinen Nächsten wie dich selbst'! Alle anderen Gebote und alle Forderungen der Propheten gründen sich auf diese beiden Gebote"* (Matthäus 22, Verse 37-40)!

Von diesem Gebot der Liebe, welches auch in den Zehn Geboten praktisch wird, leiten sich ganz viele andere Grundsätze ab. Das ist der Lebenswert schlechthin!

Trendsetter in Sachen Werte

Werte haben wir so oder so. Es gibt gar keine Gesellschaft und keinen Menschen, der ohne Werte und entsprechende Normen lebt. Wir haben an dieser Stelle nur die Wahl, ob wir bewusst mitentscheiden wollen, welches Wertesystem unserem Leben zugrunde liegen soll, oder ob wir unbewusst *irgendein* Wertesystem übernehmen. Dann landen wir in der Regel beim Mainstream, machen das, was alle machen, und finden gut, was alle gut finden. Wenn wir Glück haben, leben wir in einer Gesellschaft oder in einem Umfeld von Menschen mit lebensförderlichen Werten, sprich: mit echten *Lebens*werten, die dann auch ganz viel Gutes in unserem Leben hervorbringen. Befinden wir uns in schlechter Gesellschaft, könnte das Gegenteil passieren. Da ist es allemal besser, selbst ein Wörtchen mitzureden! Wie kann das geschehen?

Bewusst und ehrlich

Zunächst einmal müssen wir uns unserer Werte überhaupt bewusst werden. Es lohnt sich, sich dafür etwas Zeit zu nehmen und aufzuschreiben, was Ihnen im Leben wirklich wertvoll ist, was also einen hohen Wert besitzt. Wenn Sie selbst keine Ideen haben, empfehle ich Ihnen die Enzyklopädie der Werte, eine sehr gute Online-Seite, in der Sie eine Liste aller bisher definierten Wertebegriffe finden (zu finden unter www.wertesysteme.de). Es kann auch sehr hilfreich sein (und auch richtig Spaß machen!), diese Arbeit mit Freundinnen zu tun oder zum Thema irgendeiner Gesprächsgruppe zu machen.

Wie auch immer Sie es tun: Wichtig ist, dass Sie sich selbst gegenüber ehrlich sind. Sie brauchen und sollen an dieser Stelle keine Erwartungen erfüllen, sondern das aufschreiben, was Sie wirklich denken und was Ihren Wertvorstellungen entspricht. Dabei kann es auch ganz interessant sein, Ihre Top-Ten (oder Top-Five) zu benennen. Dadurch müssen Sie sich reduzieren auf die Werte, die Ihnen *wirklich* wichtig sind.

Reflektieren, überprüfen und Prioritäten setzen

Die Begriffe auf der erwähnten Internetseite klingen durchweg positiv. Das ist auch gut so, denn es ermutigt uns, zu unseren Werten zu stehen! Aber jeder Wert kann sich in etwas Negatives verkehren. Dann nämlich, wenn er einen falschen Stellenwert hat oder wenn er zu einseitig betont wird. So ist z.B. Sparsamkeit in den Augen vieler Menschen ein guter Wert. Wenn ein Mensch aber immer nur sparsam ist und „Großzügigkeit" oder „Leichtigkeit" bei ihm gar nicht als Werte vorkommen, wird aus der Sparsamkeit ganz schnell Geiz oder Knauserigkeit. Das Gleiche gilt für Loyalität, die sich in hörigen Gehorsam verwandeln kann, Standfestigkeit, die zur Sturheit wird, oder Ästhetik, die in unserem Leben einen so hohen Stellenwert bekommen kann, dass uns die Finanzierung unseres guten Aussehens, der geschmackvollen Kleidung oder Einrichtung wichtiger ist als das tätige Mitgefühl gegenüber Armen und Bedürftigen.

Gehen Sie Ihre Liste also noch einmal durch, und schauen Sie, welche Ihrer Werte möglicherweise einen anderen Stellenwert bräuchten oder durch einen anderen Wert ergänzt werden müssten, damit es wirklich gute und lebensförderliche Werte bleiben.

Jemand, für den beispielsweise „Sicherheit" oder „Kontrolle" hohe Werte sind, könnte ganz bewusst „Flexibilität" oder „Freiheit" mit dazunehmen, damit sein Leben nicht starr wird.

Jemand, für den „Höflichkeit" ein hoher Wert ist, könnte „Authentizität" ergänzen, weil er merkt, dass er vor lauter Höflichkeit dazu neigt, sich zu verbiegen und unehrlich zu sein.

Sie können an dieser Stelle auch noch ganz andere Werte hinzunehmen, die in Ihrem Leben zurzeit noch stark unterbelichtet sind oder sogar ganz fehlen. Werte, von denen Sie denken: „Das war mir bisher nicht wichtig, aber ich weiß jetzt, dass dieser Wert für ein gelungenes Leben total wichtig ist. Und deswegen will ich ihn in Zukunft verstärken!"

Es geht bei dem Punkt „Reflektieren, überprüfen und Prioritäten setzen" also darum, aus dem Ist-Zustand ein „So-soll-es-in-meinem-Leben-Sein" zu machen.

Hier kann es durchaus sehr hilfreich sein, sich Fragen zu stellen wie:

„Welche Inhalte sollen über meinem Leben stehen?"

„Was sollen Menschen und vor allem Gott über mein Leben sagen können?"

„Was soll das Fazit meines Lebens sein?"

„Was lässt mich lebensmutiger werden und mein Potenzial voll entfalten?"

„Wie wäre es wirklich stimmig für mich?"

Wie gesagt: Diese Arbeit nicht allein zu tun, sondern dabei im Austausch mit anderen zu stehen, kann sehr hilfreich sein!

Den Prioritäten zuarbeiten

Es ist eine Illusion zu meinen, wir könnten irgendwann im Leben etwas erhalten, in das wir nie zuvor investiert haben. Um es mit der Bibel auszudrücken: *„Was der Mensch sät, das wird er ernten"* (Galater 6,7). Oder umgangssprachlich ausgedrückt: „Von nichts kommt nichts!" Wenn wir also möchten, dass bestimmte Werte in unserem Leben vorhanden sein oder sogar Priorität haben sollen, dann ist es sinnvoll, ihnen mit einem entsprechenden Verhalten zuzuarbeiten, damit sie gestärkt werden.

Wenn Sie beispielsweise möchten, dass über Ihrem Leben erkennbar der Wert „Verlässlichkeit" steht, dann müssen Sie lernen, zu sich selbst zu stehen (wenn Sie sich auf sich selbst nicht verlassen können, wie sollen andere es tun?), aber auch zu Ihrem Wort zu stehen, Versprechen einzuhalten, pünktlich zu sein und Treue zu üben.

Wenn Sie den Wert „Geduld" stärker in Ihrem Leben verankern wollen, dann müssen Sie hier und heute anfangen, Geduld einzuüben. Das kann bedeuten, dass Sie Ihrem begriffsstutzigen Mitarbeiter oder Sprössling zum wiederholten Mal und mit gleichleibender Freundlichkeit erklären, was er zu tun hat, dass Sie im Stau nicht ausflippen und sich selbst nicht herunterputzen, wenn Ihnen gewünschte Veränderungen nicht auf Anhieb glücken.

Wo immer es geht, wenden Sie die erwünschten Werte erst

einmal auf sich selbst an. Höflichkeit, Güte, Fairness, Mitgefühl, Aufmerksamkeit, Vertrauen, Großzügigkeit – all das sollten Sie zuerst sich selbst entgegenbringen. Werte, die wir gegenüber unserer eigenen Person nicht umsetzen, werden wir nämlich nur schwerlich im Leben mit unseren Mitmenschen umsetzen können!

Werte offensiv leben und kommunizieren

In Diktaturen werden den Menschen die Werte von den Herrschenden vorgegeben. Ihr gesamtes Leben wird so stark mit diesen infiltriert, dass sie fast keine Chance haben, dieser Beeinflussung zu entkommen.

Wir dagegen leben in einer Demokratie und genießen, wie schon gesehen, große Freiheit! Das heißt aber auch, dass der Einzelne große Verantwortung trägt. Wenn wir also heutzutage von einem starken Wertewandel sprechen, davon, dass sich christliche Werte immer mehr auflösen, dann hat das auch immer etwas mit uns selbst zu tun. Denn die Gesellschaft, so haben wir anfangs gesehen, ist maßgeblich an der Auflösung alter und der Entstehung neuer Werte mitbeteiligt.

Diese Gesellschaft ist keine undefinierbare Masse, sondern besteht aus ganz konkreten Menschen. Die Gesellschaft, das sind ... Sie und ich! In dem Maße, in dem *wir* lebenswerte und lebensförderliche Werte leben und kommunizieren, in dem Maße bestimmen wir mit, welche Werte in unserem Land vorhanden sind und auch noch lange vorhanden sein *werden*.

Das bedeutet, dass wir uns mit dafür einsetzen sollten, dass bereits Erreichtes und Erworbenes nicht wieder verlorengehen. Und wir haben in unserem Land, das in seiner Gesetzgebung und in seinen Grundwerten auf dem christlichen Menschenbild fußt, unglaublich viel erreicht!

So wäre unser Land ohne die im 19. Jahrhundert entstandene diakonische Arbeit von Christen unter Waisen, Armen, Alten und Kranken in diesem Bereich nicht so gut aufgestellt. Das gilt es zu verteidigen in einer Zeit, in der immer mehr Krankenhäuser und Heime von Unternehmen aufgekauft werden, die eher einen wirtschaftlichen und profitorientierten als einen diakonischen Ansatz verfolgen.

Werte wie Barmherzigkeit und Nächstenliebe gilt es angesichts der unter uns lebenden Flüchtlinge zu verteidigen gegen Abschottung und den Ruf: „Deutschland den Deutschen".

Einsatzbereitschaft für Gesellschaft und Sozialstaat gilt es zu verteidigen in einer Zeit, in der es immer weniger ehrenamtlich Tätige gibt und der Wille, in die Gemeinschaft zu investieren, weitaus geringer ausgeprägt ist als die Forderung, von ihr zu profitieren.

Gewaltlosigkeit, Gerechtigkeit, Barmherzigkeit, Wertschätzung und Toleranz gegenüber anders denkenden und anders lebenden Menschen, Freiheit, Respekt vor der Würde eines jeden Menschen – all das gilt es zu verteidigen und weiter zu fördern!

Ziehen wir uns also nicht in unser Schneckenhaus oder unter Gleichgesinnte zurück, wo wir lautstark über den moralisch-sittlichen Verfall unserer Gesellschaft lamentieren, sondern lassen Sie uns den Mund aufmachen und uns einmischen, wann immer es geboten ist:

im Umgang mit unseren Kindern und in der Erziehung, in Schulen und Kindergärten, im Job, in Gesprächen mit der Nachbarschaft, Freunden und Verwandten.

Jesus spricht davon, dass wir Salz und Licht sein sollen: für alle gut sichtbar und unverzichtbar, wenn es um den guten Geschmack in dieser Welt geht!

Lassen Sie uns fröhlich, souverän und lebensmutig zu unseren Lebenswerten stehen und zu dem, was und wer wir sind!

Stark und mutig meine Schritte gehen!

Kurzanleitung für Wagemutige

Die folgenden Sätze verstehen sich als Lebensregeln für Lebensmutige. Kompakt formuliert, sind sie die Quintessenz dieses Buches. Wenn Ihnen der Lebensmut gerade mal wieder flöten geht, können Sie sich diese Sätze durchlesen (oder besser noch: laut vorsprechen), um Ihren inneren Kompass wieder einzunorden.

Denken Sie an Pippi, die sagt: *„Ich bin nämlich sehr schüchtern, und wenn ich mich nicht selber kommandiere, dann würde ich in der Diele stehen bleiben und nicht wagen hereinzukommen."*

Wir alle müssen uns selbst immer mal wieder das eine oder andere kleine Kommando geben, damit wir nicht stehen bleiben, sondern die nächsten Schritte wagen.

Also auf geht' s!

Ich begleite mich selbst und mein Leben aufmerksam und reflektiert!

Ich übernehme Verantwortung für die Gestaltung meines Lebens. Ich bin nicht Opfer, sondern habe immer und in jeder Lebenslage die Wahl, mich *so* oder *so* zu entscheiden!

Ich sage Ja und nehme an, was mir an Lebensumständen von Gott zugetraut wird!

Ich lasse mich von meinen Gefühlen und Bedürfnissen nicht treiben, sondern übernehme die Führung und leite sie in gute, lebensförderliche Bahnen!

Ich übe mich in guter Selbstfürsorge und weise Überforderung, unangemessene Erwartungen und Grenzüberschreitungen freundlich, aber bestimmt in ihre Schranken.

Ich bin lernbereit! Mit Rückschritten und Fehlern gehe ich gelassen um und verbuche sie als Erfahrungen, aus denen ich lernen kann. Beim nächsten Mal probiere ich einen anderen Weg, um zum Ziel zu gelangen!

Ich nehme Herausforderungen an, setze mich mit den dazugehörigen Ängsten auseinander, aber lasse mich nicht von ihnen bestimmen!

Ich übe mich in guter Kommunikation! In Konfliktsituationen ziehe ich mich nicht schmollend zurück, werde auch nicht verletzend oder aggressiv, sondern bringe mein Anliegen klar, bestimmt und dem anderen zugewandt hervor!

Ich lebe ausgesöhnt mit meiner Biographie! Ich vergebe, wo ich verletzt wurde, und bitte um Verzeihung, wo ich schuldig geworden bin. Ich bin nicht immerwährendes Opfer meiner Prägungen, sondern darf heute neue, zu mir passende Denk- und Reaktionsmuster einüben!

Sowohl im alltäglichen Leben als auch in meinem Denken bin ich nicht starr, sondern flexibel, und kann mich an veränderte Situationen anpassen!

Ich habe meine Schwächen im Blick, konzentriere mich aber auf meine Stärken und Fähigkeiten!

Es ist noch kein Meister vom Himmel gefallen! Das, was ich für mich als gut und lebensförderlich erkannt habe, bin ich bereit, in kleinen, konkreten Schritten einzuüben. Auch wenn's anstrengend ist: Ich bleibe dran!

Muss ich mich entscheiden und neue Wege gehen, mache ich kein Drama daraus! Ich überschlage die Kosten, entscheide mich und gehe los in der Gewissheit, dass ich in jeder Lage mein Potenzial entwickeln, wachsen und Gott dienen kann.

Ich habe feste Grundüberzeugungen und stabile Werte, die mich durchs Leben leiten und die ich selbstbewusst und fröhlich vertrete.

Ich bin nicht schwach, sondern stark und mutig, weil Gott selbst mir zusagt: *„Sei stark und mutig! Hab keine Angst und verzweifle nicht. Denn ich, der Herr, dein Gott, bin bei dir, wohin du auch gehst"* (Josua 1, Vers 9).

Lebensmutige Bücher

Die Bibel
Die in diesem Buch zitierten Sätze stammen aus:
Neues Leben – Die Bibel
SCM-Verlag, Witten 2011

Alle „Pippi-Zitate" aus:
Astrid Lindgren
Pippi Langstrumpf: Gesamtausgabe
Oetinger Verlag, Hamburg 1987

Christina Berndt
Resilienz: Das Geheimnis psychischer Widerstandskraft
dtv Verlagsgesellschaft, München 2015

Heike Malisic/Beate Nordstrand
Body, Spirit, Soul – Ganzheitlich leichter leben
SCM-Verlag, Holzgerlingen 2016

Reinhard Tausch
Hilfen bei Stress und Belastung: Was wir für unsere Gesundheit tun können
Rowohlt Repertoire, Reinbek 2017

Barbara Berckhan
So bin ich unverwundbar: Sechs Strategien, souverän mit Ärger und Kritik umzugehen
Heyne-Verlag, München 2004

Rolf Sellin
Wenn die Haut zu dünn ist. Hochsensibilität – vom Manko zum Plus
Kösel-Verlag, München 2011

Rolf Sellin
Bis hierher und nicht weiter. Wie Sie sich selbst zentrieren, Grenzen setzen und gut für sich sorgen
Kösel-Verlag, München 2014

Barbara Berckhan
Das dicke Fell: Wie Sie sich vor Frustfallen und Nervensägen schützen
Kösel-Verlag, München 2014

Harriet Lerner
Wohin mit meiner Wut. Neue Beziehungsmuster für Frauen
Fischer-Verlag, Frankfurt 2001

Marshall B. Rosenberg
Gewaltfreie Kommunikation: Eine Sprache des Lebens
Junfermann-Verlag, Paderborn 2016

Serena Rust
Wenn die Giraffe mit dem Wolf tanzt: Vier Schritte zu einer einfühlsamen Kommunikation
KOHA-Verlag , Burgrain 2006

Friedemann Schulz von Thun
Miteinander reden 1-4
Rowohlt-Taschenbuch-Verlag, Reinbek 2014

Thomas Härry
Von der Kunst, sich selbst zu führen
SCM/R. Brockhaus, Witten 2015

Tamara Hinz
Du bist dir anvertraut – Geistlich und persönlich wachsen
SCM/R. Brockhaus, Witten 2015